বর্ণ পরিচয়

রংয়ের সাহায্যে

খণ্ড ১ [অ – ণ]

ভূমিকা

এই বইটি শিশুদের, বিশেষ করে ধীরগতির শিক্ষার্থীদের বর্ণমালা চিনতে এবং মুখস্থ করতে সহায়তা করার জন্য চিন্তাভাবনা করে ডিজাইন করা হয়েছে। যে বাচ্চারা সহজে অক্ষর সনাক্ত করতে বা মনে রাখতে পারে না, এই বইটি তাদের জন্য একটি অনন্য এবং মনোমুগ্ধকর দৃষ্টিভঙ্গি উপস্থাপন করবে। বর্ণগুলো বড় এবং এগুলোর ভিতর খালি করে তৈরি করা হয়েছে যা বাচ্চারা রঙ করে পূর্ণ করতে পারবে, যেটি শেখার প্রক্রিয়াটিকে মজাদার এবং স্মরণীয় করে তোলবে। রঙের ব্যবহার প্রতিটি অক্ষরের একটি দৃশ্যমান এবং স্পর্শগত অভিজ্ঞতা প্রদান করে যা স্মরণে রাখতে সাহায্য করে।

এই বইটির কার্যক্রমগুলি ইন্টারেকটিভ এবং বৈচিত্র্যময়, যা শিশুদের অক্ষরগুলি খুঁজে বের করতে, চিহ্নিত করতে বা অনুকরণ করতে উৎসাহিত করে, তাদের বর্ণমালার সাথে বিভিন্ন উপায়ে যুক্ত হওয়ার সুযোগ প্রদান করে। এই কার্যক্রমগুলি প্রতিটি অক্ষরের কাঠামোকে গভীরভাবে অনুধাবন করতে এবং পাশাপাশি মোটর দক্ষতা এবং মনোযোগ বাড়াতে উৎসাহিত করে।

বইটি যাতে ছোট বাচ্চাদের জন্য বহনযোগ্য এবং উপভোগ্য থাকে তা নিশ্চিত করার জন্য, এটিকে দুটি খণ্ডে ভাগ করা হয়েছে। **খণ্ড ১** এ অক্ষরগুলি **অ থেকে ণ** পর্যন্ত এবং **খণ্ড ২**-এ অক্ষরগুলি **ত থেকে ৺** পর্যন্ত অন্তর্ভুক্ত।

এই বইটির লক্ষ্য শুধুমাত্র অক্ষর শেখানো নয়, বরং একটি আকর্ষণীয়, ব্যবহারিক পদ্ধতির মাধ্যমে শেখার প্রতি আগ্রহ তৈরি করা। এটি তাদের জন্য খুবই ফলপ্রসূ যাদের প্রাথমিক শিক্ষার পর্যায়ে অতিরিক্ত সহায়তার প্রয়োজন, এবং এটি তাদের আত্মবিশ্বাস বাড়াবে যখন তারা এক এক করে প্রতিটি অক্ষর আয়ত্ত করবে। পুনরাবৃত্তি এবং অনুশীলনের মাধ্যমে শিশুদের জন্য অক্ষর শেখা হবে যেমন মজাদার তেমনি হবে ফলপ্রসূ।

আমি আশা করি এই বইটি আপনার সন্তানের শিক্ষার যাত্রায় একটি মূল্যবান সম্পদ হয়ে উঠবে, তাদের আরও শেখার জন্য একটি শক্তিশালী ভিত্তি তৈরি করতে সাহায্য করবে।

বিনীত

সম্পাদক

স্বরবর্ণ পড়ি

অ আ ই ঈ

উ ঊ

ঋ

এ ঐ

ও ঔ

এসো রং করি

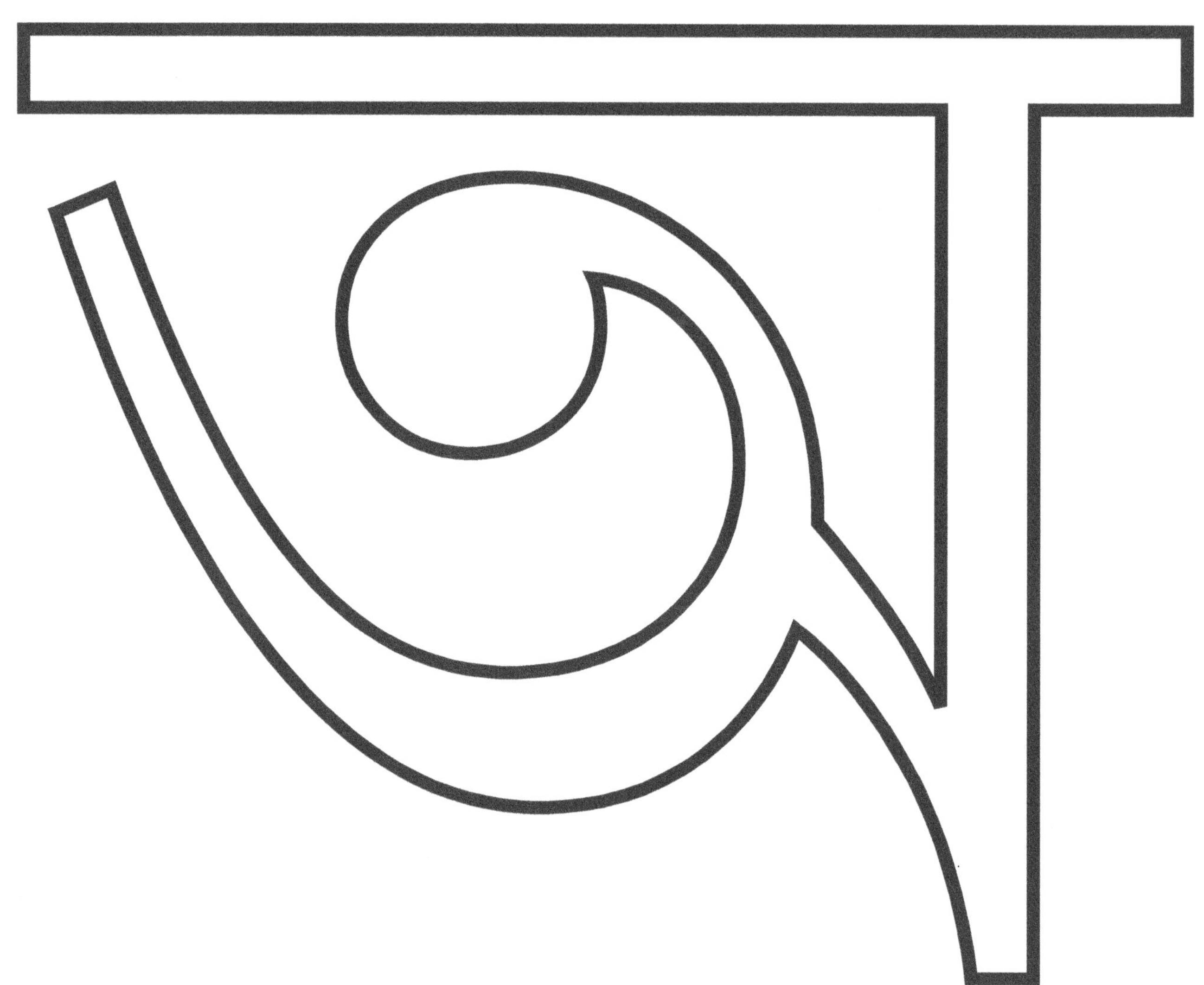

রং করি এসো

অ অ

অ অ

অজগর

অনল

এসো রং করি

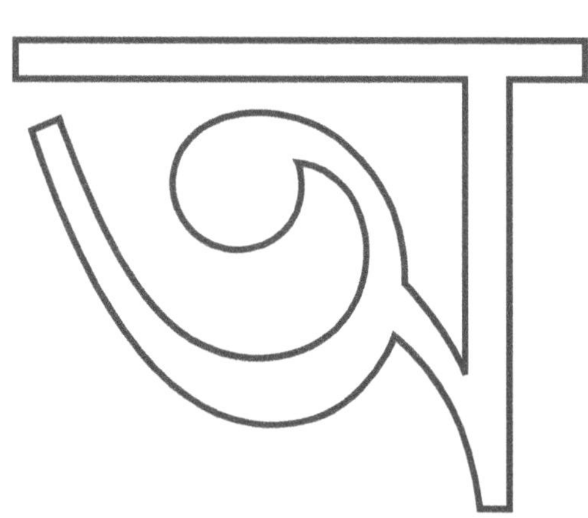

অ বর্ণ থাকা আমগুলো রং করি এসো

আ অ অ আ অ আ

অ আ অ অ আ অ

অ অ আ অ অ আ

আ অ অ আ অ অ

অ আ অ অ অ আ

আ অ অ আ অ আ

অ বর্ণগুলো গোল ◯ করি এসো

অ	আ	অ	আ	অ
অ	অ	আ	অ	আ
অ	আ	অ	আ	অ
আ	অ	অ	অ	আ
অ	আ	আ	আ	অ
আ	অ	অ	আ	অ
অ	আ	অ	অ	আ
অ	অ	আ	অ	আ
অ	আ	অ	অ	অ
আ	অ	আ	অ	আ

এসো লিখি

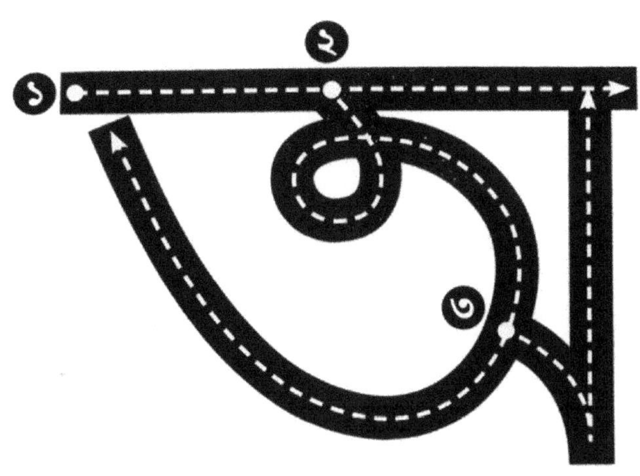

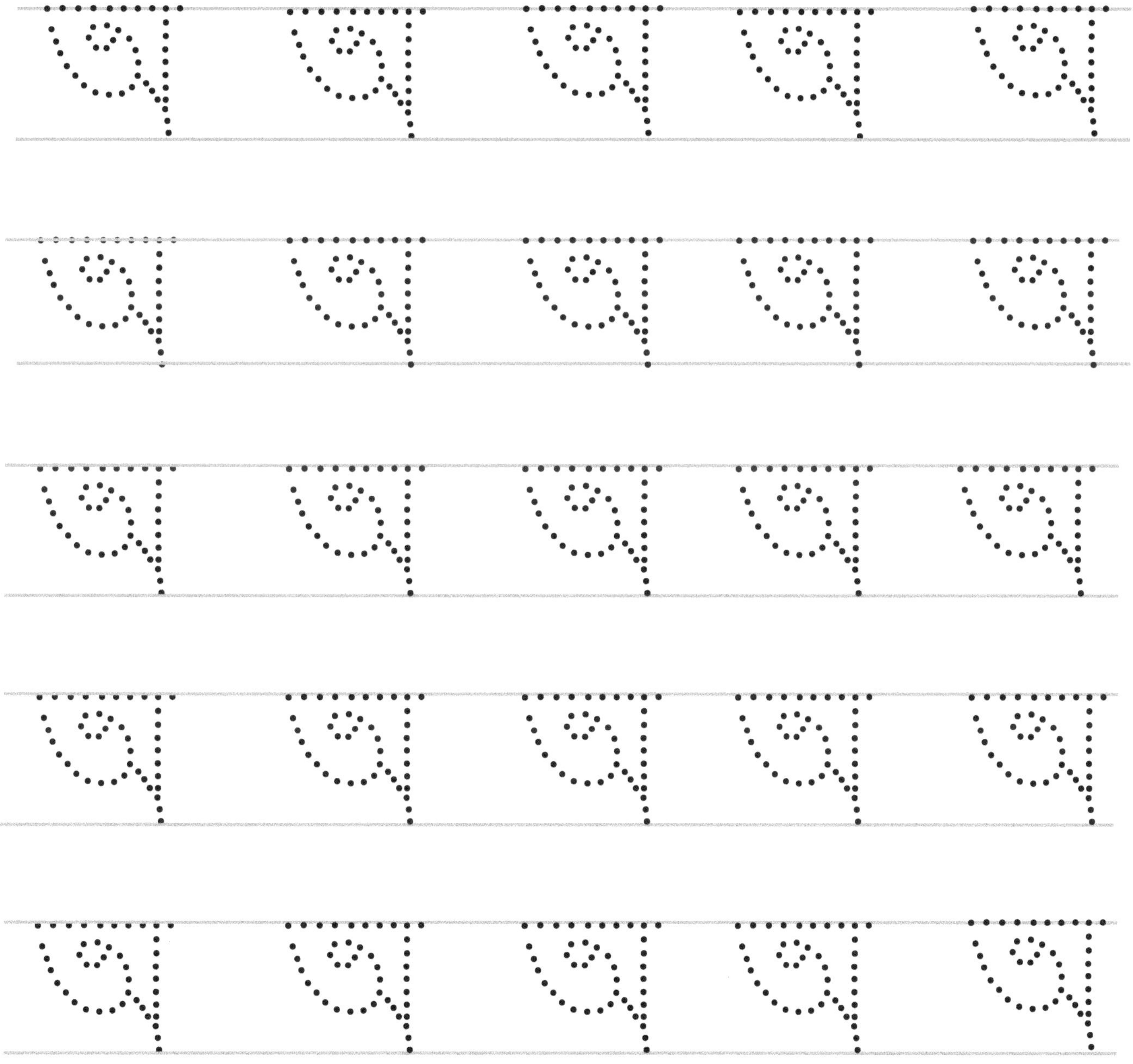

এসো রং করি

রং করি এসো

আ

আ

আ

আনারস

আপেল

এসো রং করি

আ বর্ণ থাকা আমগুলো রং করি এসো

আ অ অ আ অ আ

অ আ অ অ আ অ

অ অ আ অ অ আ

আ অ অ আ অ অ

অ আ অ অ অ আ

আ অ অ আ অ আ

আ বর্ণগুলো গোল ◯ করি এসো

অ	আ	অ	আ	অ
অ	অ	আ	অ	আ
অ	আ	অ	আ	অ
আ	অ	অ	অ	আ
অ	আ	আ	আ	অ
আ	অ	অ	আ	অ
অ	আ	অ	অ	আ
অ	অ	আ	অ	আ
অ	আ	অ	অ	অ
আ	অ	আ	অ	আ

লিখি এসো

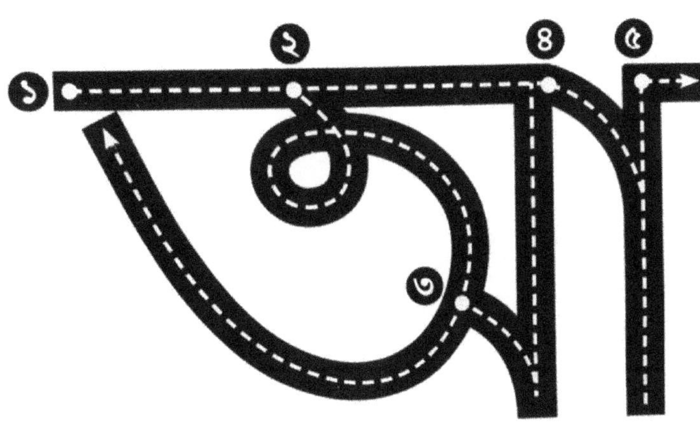

আ আ আ আ আ

আ আ আ আ আ

আ আ আ আ আ

আ আ আ আ আ

আ আ আ আ আ

এসো রং করি

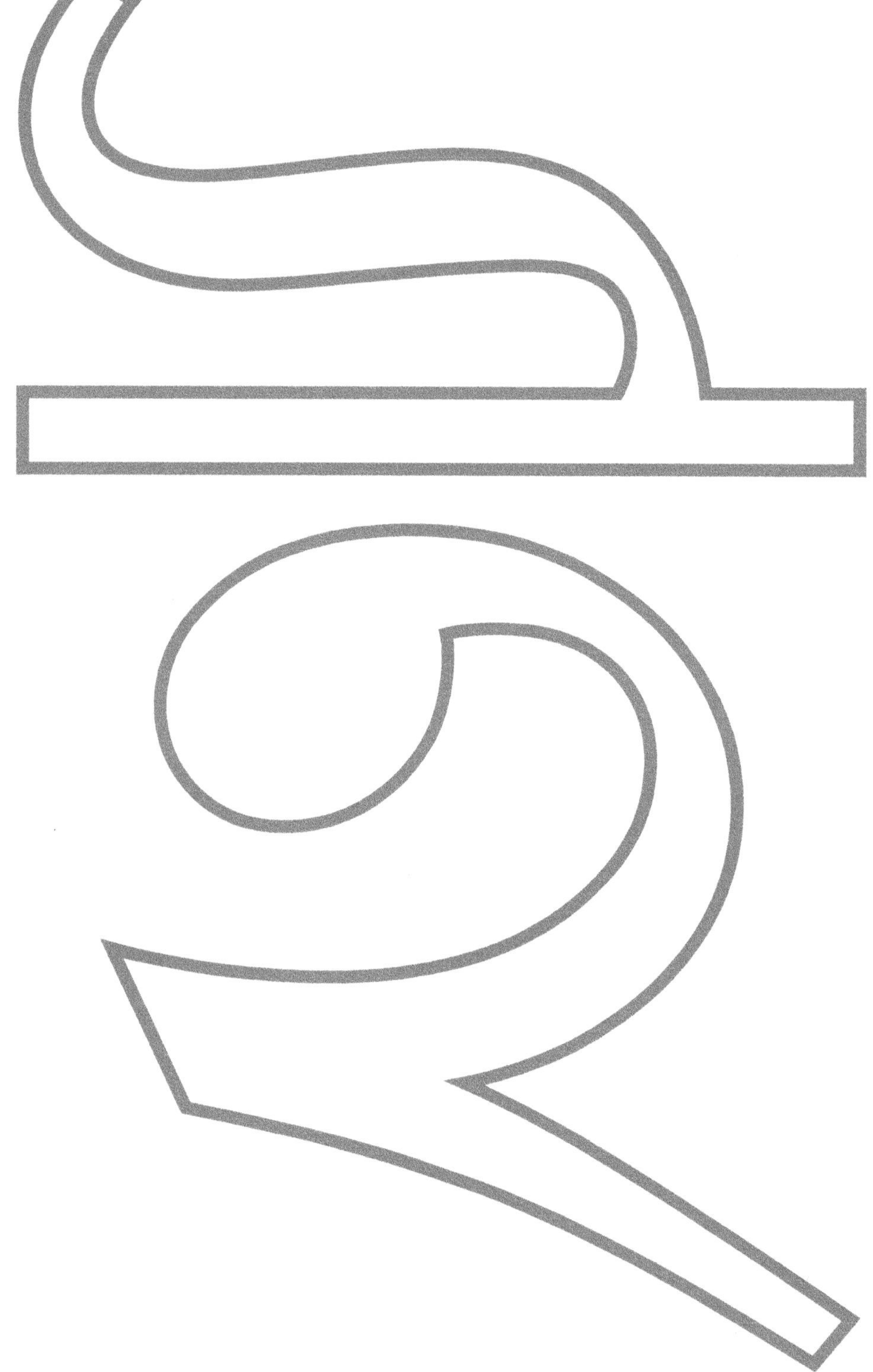

রং করি এসো

ঈ ঈ

ঈ ঈ

ইঁদুর

ইট

এসো রং করি

ই ই ই

ই ই ই

ই বর্ণ থাকা ঘরগুলো রং করি এসো

ই বর্ণগুলো গোল ◯ করি এসো

অ	ই	অ	ই	অ
অ	অ	ই	অ	আ
ই	আ	ই	আ	ই
আ	ই	অ	ই	আ
অ	আ	ই	আ	অ
ই	অ	অ	আ	ই
অ	আ	ই	অ	আ
ই	ই	আ	অ	আ
অ	আ	ই	অ	ই
আ	ই	আ	ই	ই

লিখি এসো

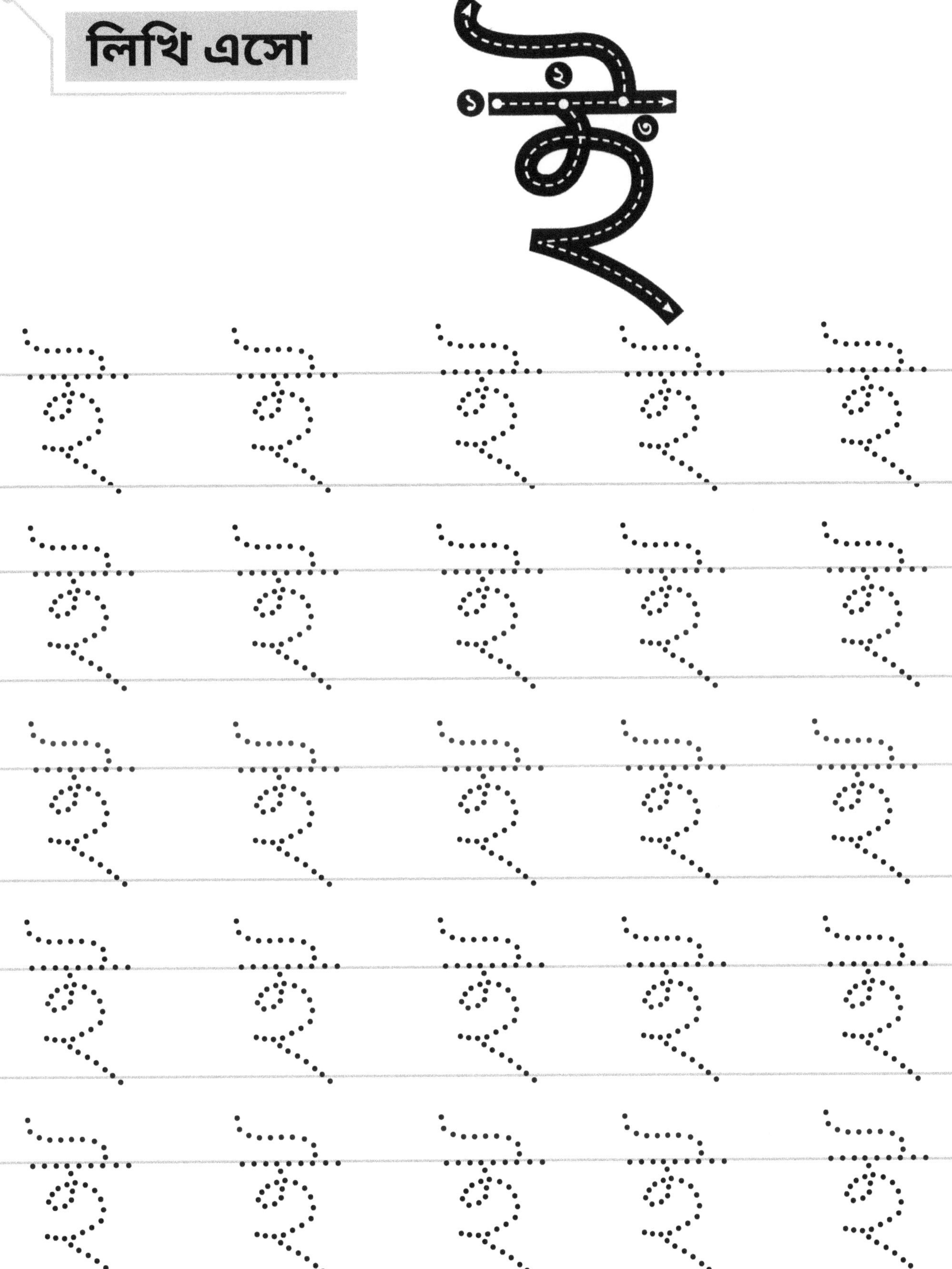

এসো রং করি

রং করি এসো

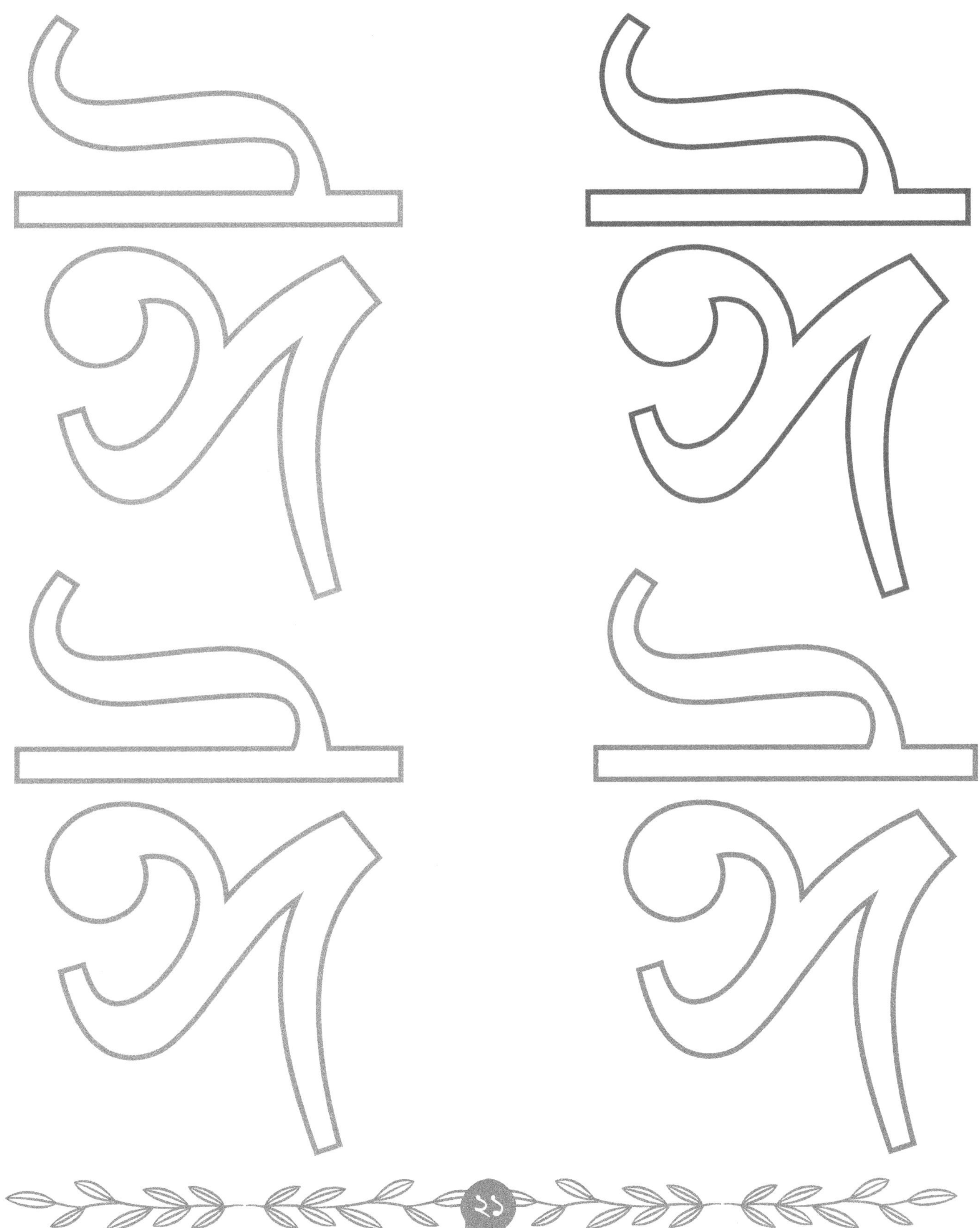

ঈগল

ঈদ

এসো রং করি

ঈ বর্ণ থাকা ঘরগুলো রং করি এসো

ঈ বর্ণগুলো গোল ◯ করি এসো

ই	ঈ	অ	ই	অ
অ	ই	ই	অ	ঈ
ঈ	ঈ	ঈ	আ	ঈ
আ	ই	অ	ঈ	আ
অ	ঈ	ই	ঈ	অ
ঈ	অ	অ	আ	ঈ
অ	আ	ঈ	ঈ	ই
ই	ই	ই	অ	ঈ
অ	ঈ	ঈ	অ	ই
ঈ	ই	আ	ঈ	ই

লিখি এসো

এসো রং করি

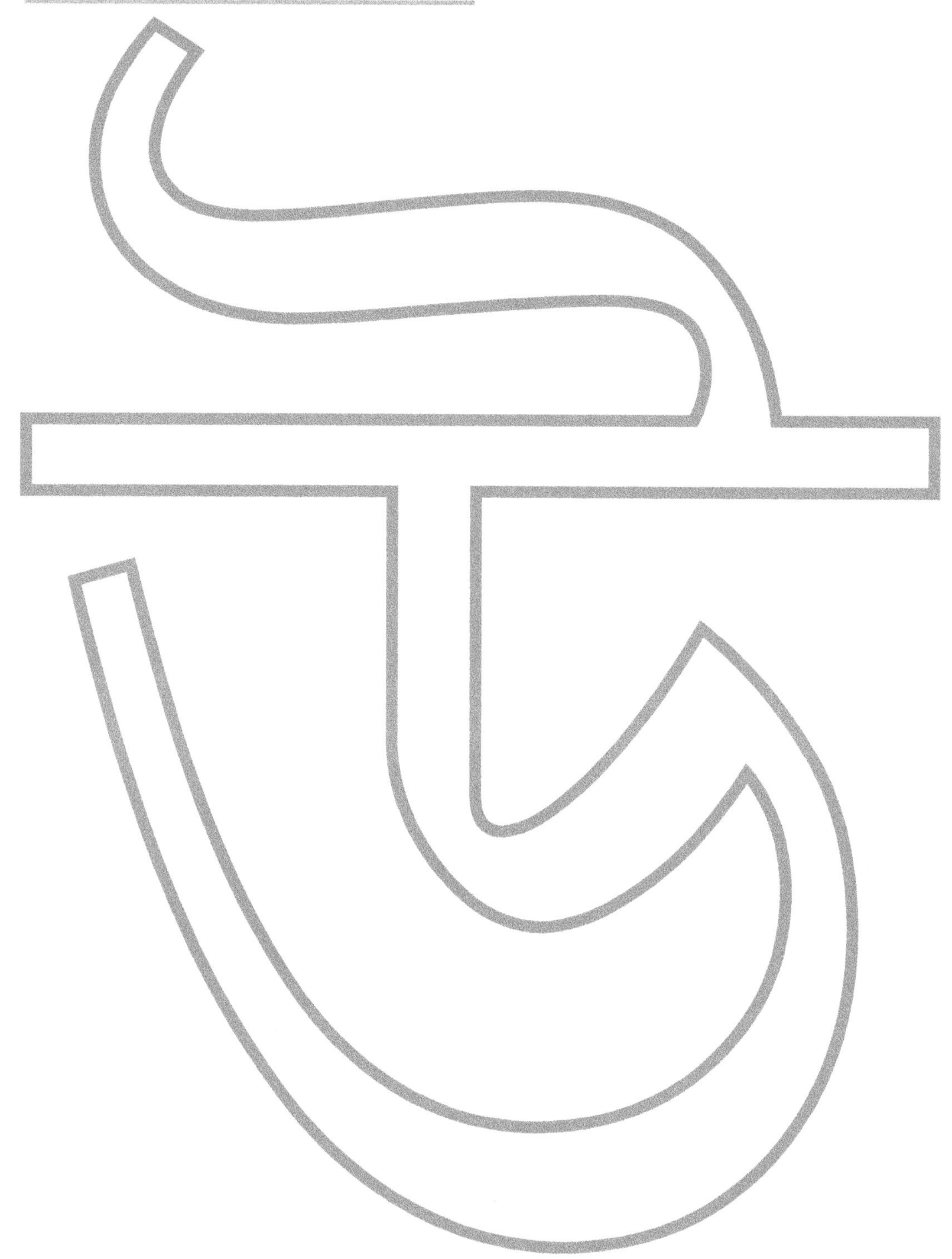

রং করি এসো

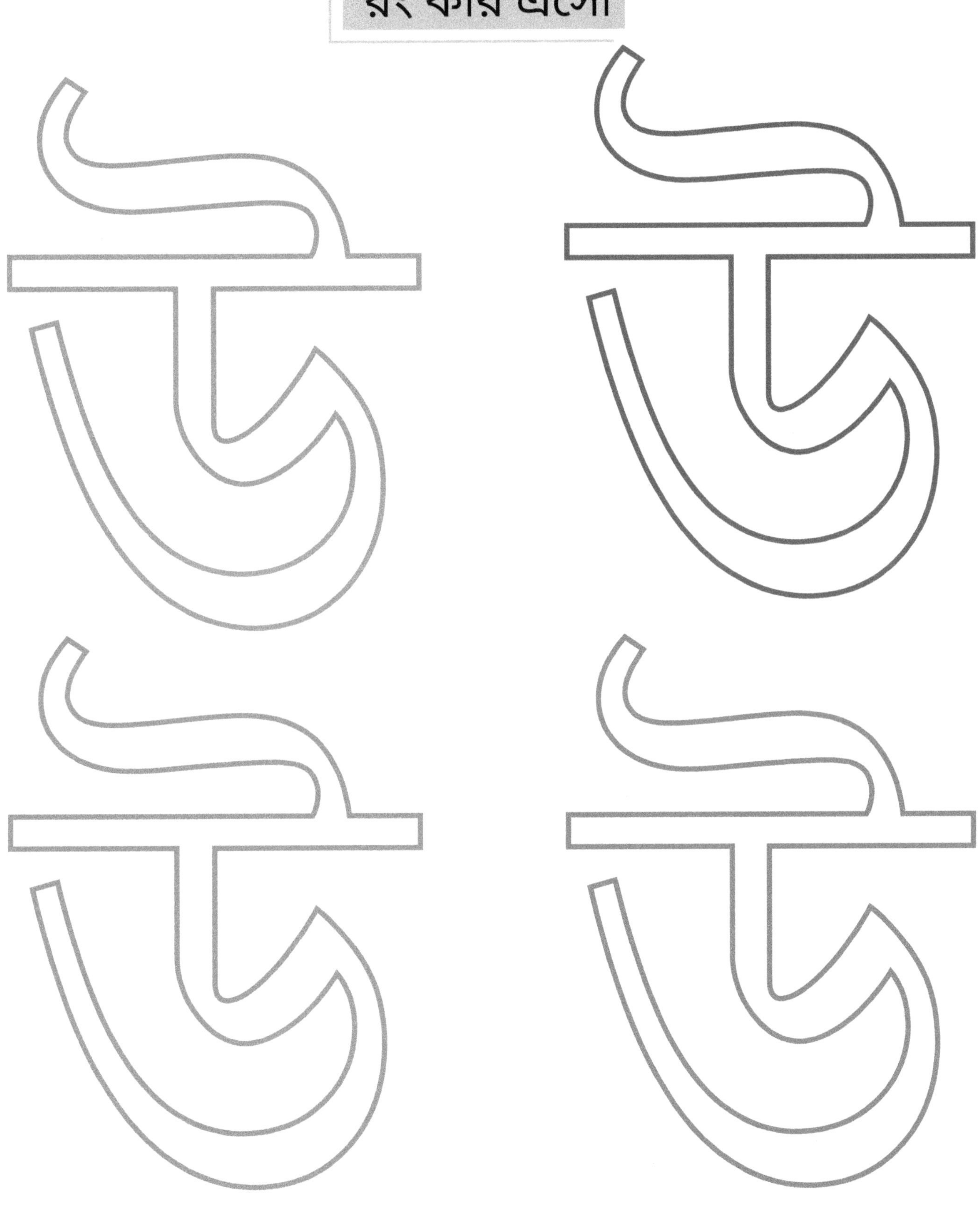

উট

উল

এসো রং করি

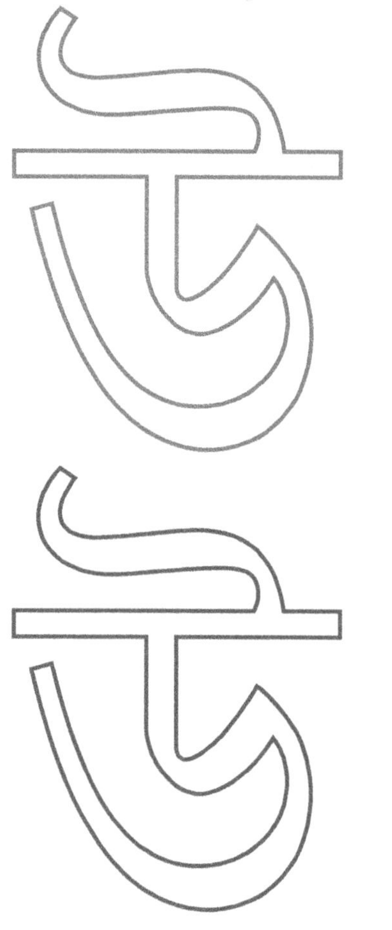
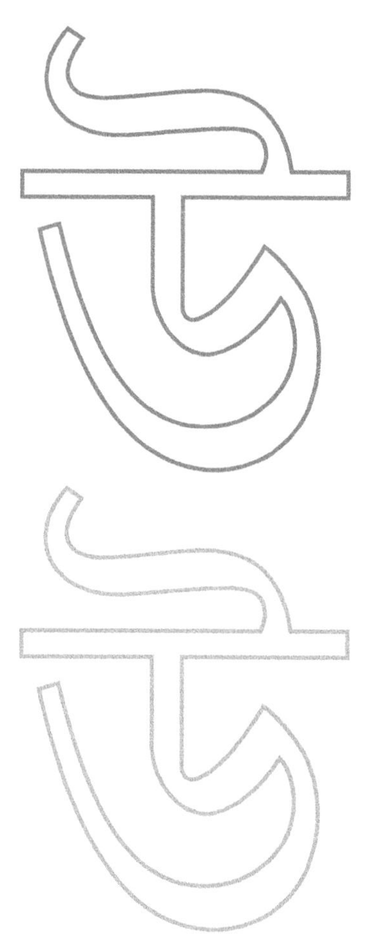
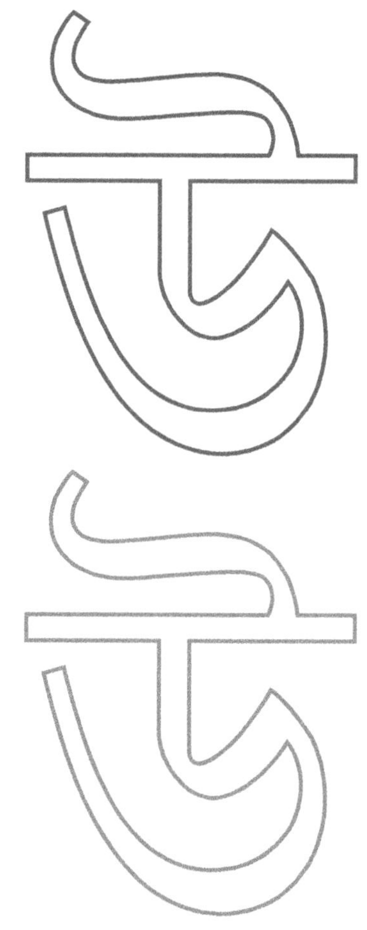

উ থাকা ঘরগুলো রং করি এসো

উ বর্ণগুলো গোল ◯ করি এসো

ই	উ	অ	উ	আ
উ	ই	উ	অ	উ
ঈ	উ	ঈ	উ	ঈ
উ	ই	উ	ঈ	উ
অ	উ	ই	উ	অ
ঈ	উ	অ	আ	উ
উ	আ	উ	ঈ	উ
ই	ই	ই	অ	ঈ
অ	উ	ঈ	উ	ই
উ	ই	আ	উ	ই

লিখি এসো

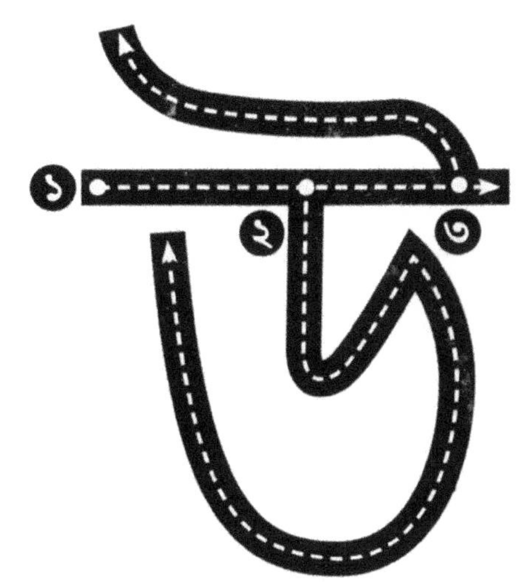

এসো রং করি

রং করি এসো

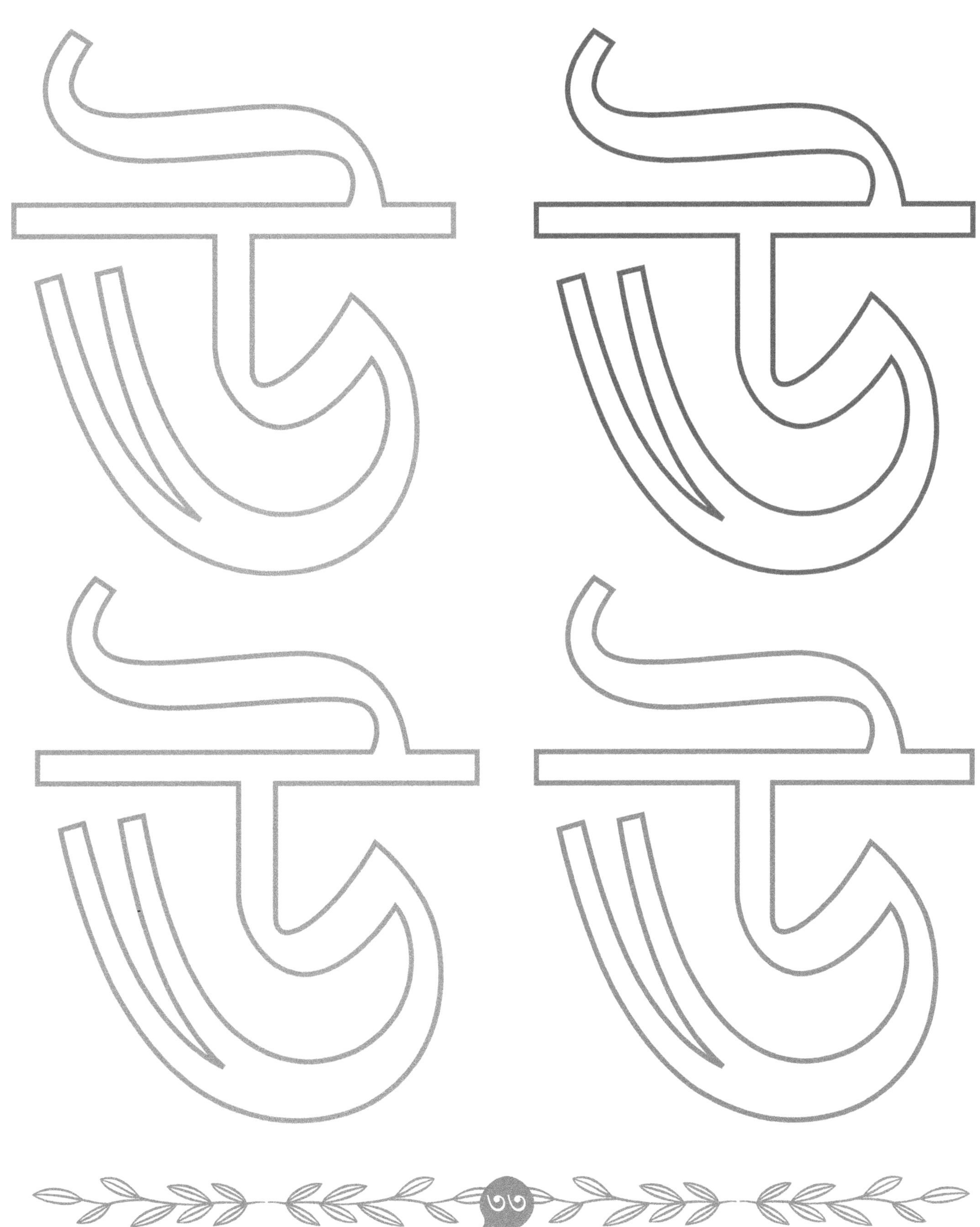

উষা

ঊষর

এসো রং করি

ঊ ঊ ঊ

ঊ ঊ ঊ

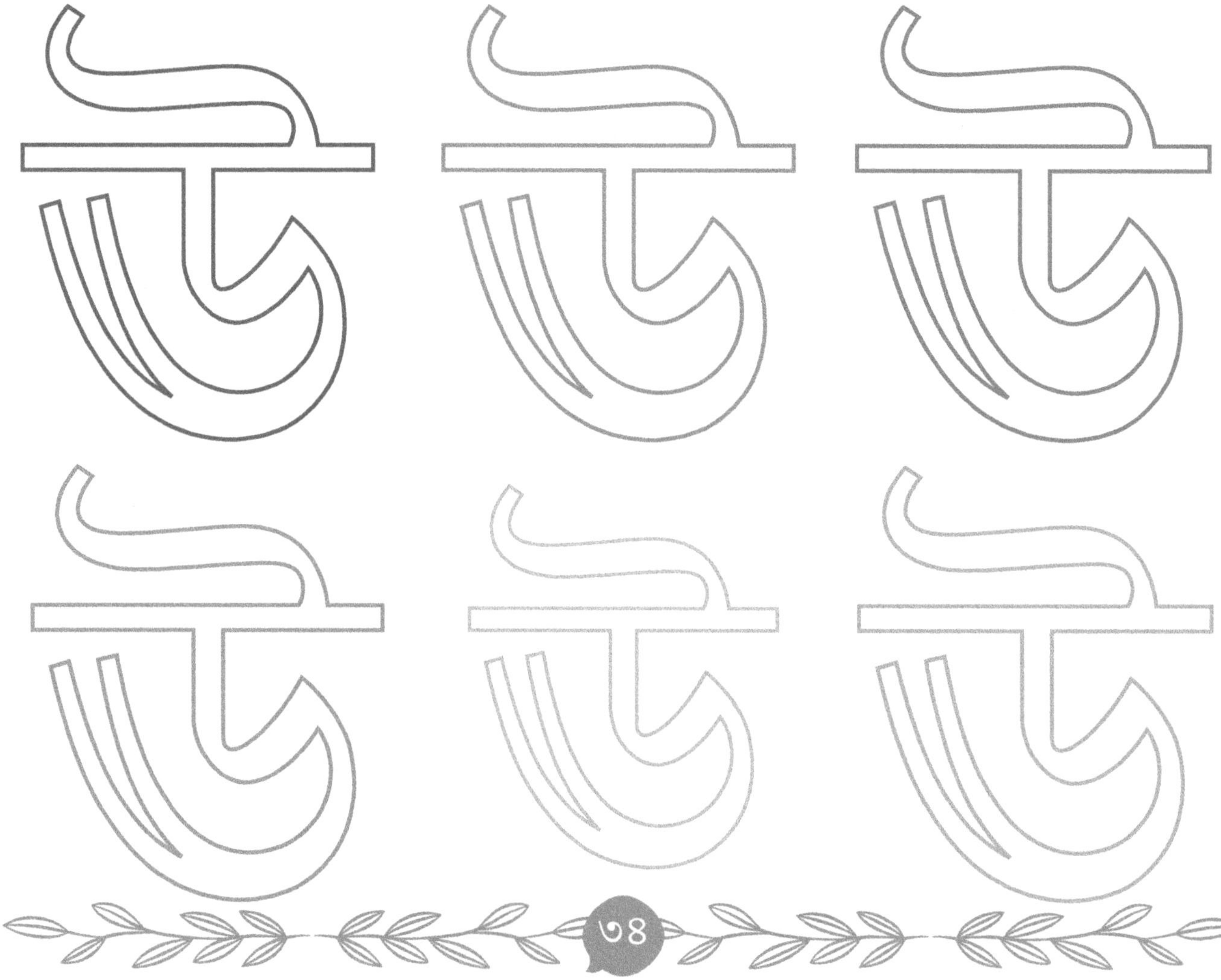

ঊ থাকা ঘরগুলো রং করি এসো

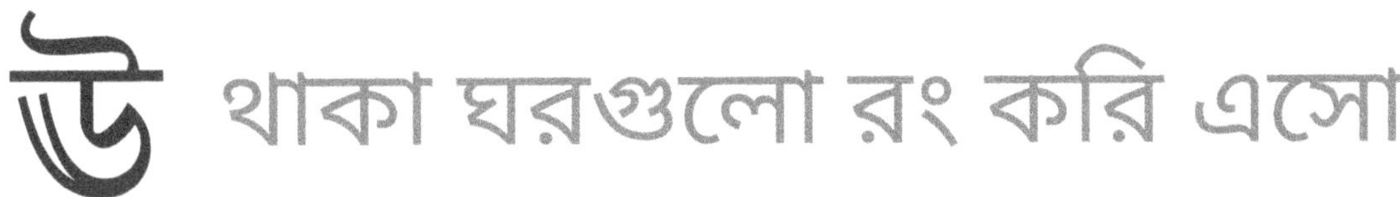

ঊ	ঈ	উ	ঊ	ই	উ
ই	ঊ	উ	ঊ	উ	ই
ঊ	ই	ঊ	উ	ঊ	ঊ
ই	ঊ	উ	আ	ই	উ
ঊ	ঈ	ঊ	ঊ	উ	ঊ
ঊ	ই	ঊ	উ	ই	আ
উ	ঊ	উ	ঊ	ই	ঊ

ঊ বর্ণগুলো গোল ◯ করি এসো

ঊ	ঊ	ঊ	ঊ	আ
ঊ	ঊ	ঊ	অ	ঊ
ঊ	ঊ	ঈ	ঊ	ঈ
ঊ	ঊ	ঊ	ঈ	ঊ
ঊ	ঊ	ই	ঊ	অ
ঈ	ঊ	অ	আ	ঊ
ঊ	আ	ঊ	ঊ	ঊ
ঊ	ঊ	ই	অ	ঈ
অ	ঊ	ঊ	ঊ	ঊ
ঊ	ঊ	আ	ঊ	ই

লিখি এসো

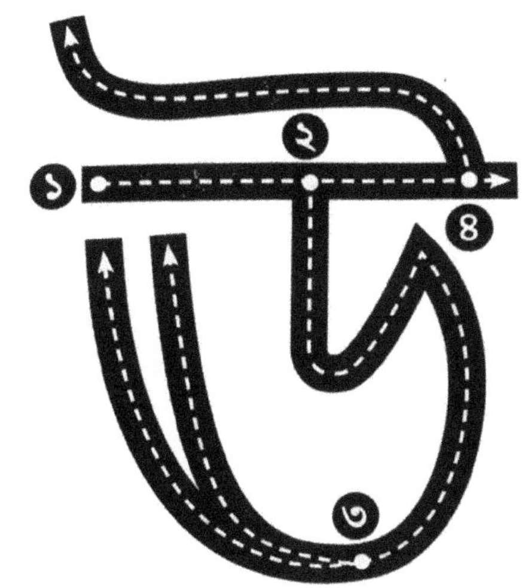

এসো রং করি

রং করি এসো

ঝ ঝ

ঝ ঝ

ঋষভ

এসো রং করি

ঋ থাকা ঘরগুলো রং করি এসো

ঋ বর্ণগুলো গোল ◯ করি এসো

ঊ	ঋ	ঊ	ঊ	ঋ
ঋ	ঊ	ঊ	ঋ	ঊ
ঊ	ঊ	ঋ	ঊ	ঋ
ঋ	ঋ	ঊ	ঈ	ঊ
ঊ	ঊ	ঋ	ঊ	ঋ
ঈ	ঋ	অ	ঋ	ঊ
ঊ	আ	ঋ	ঊ	ঊ
ঋ	ঊ	ই	ঋ	ঈ
অ	ঊ	ঋ	ঊ	ঊ
ঊ	ঋ	আ	ঊ	ঋ

লিখি এসো

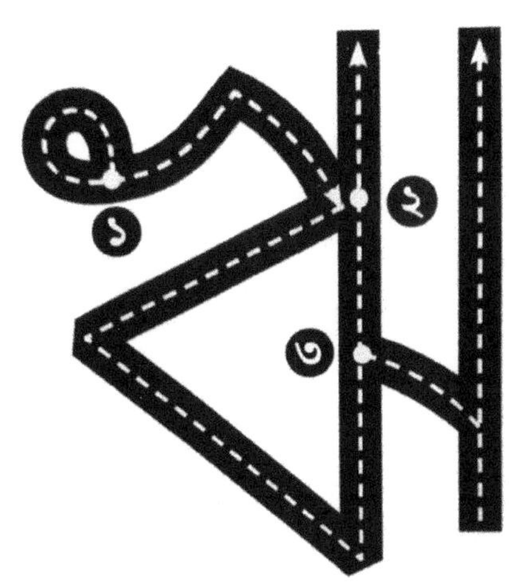

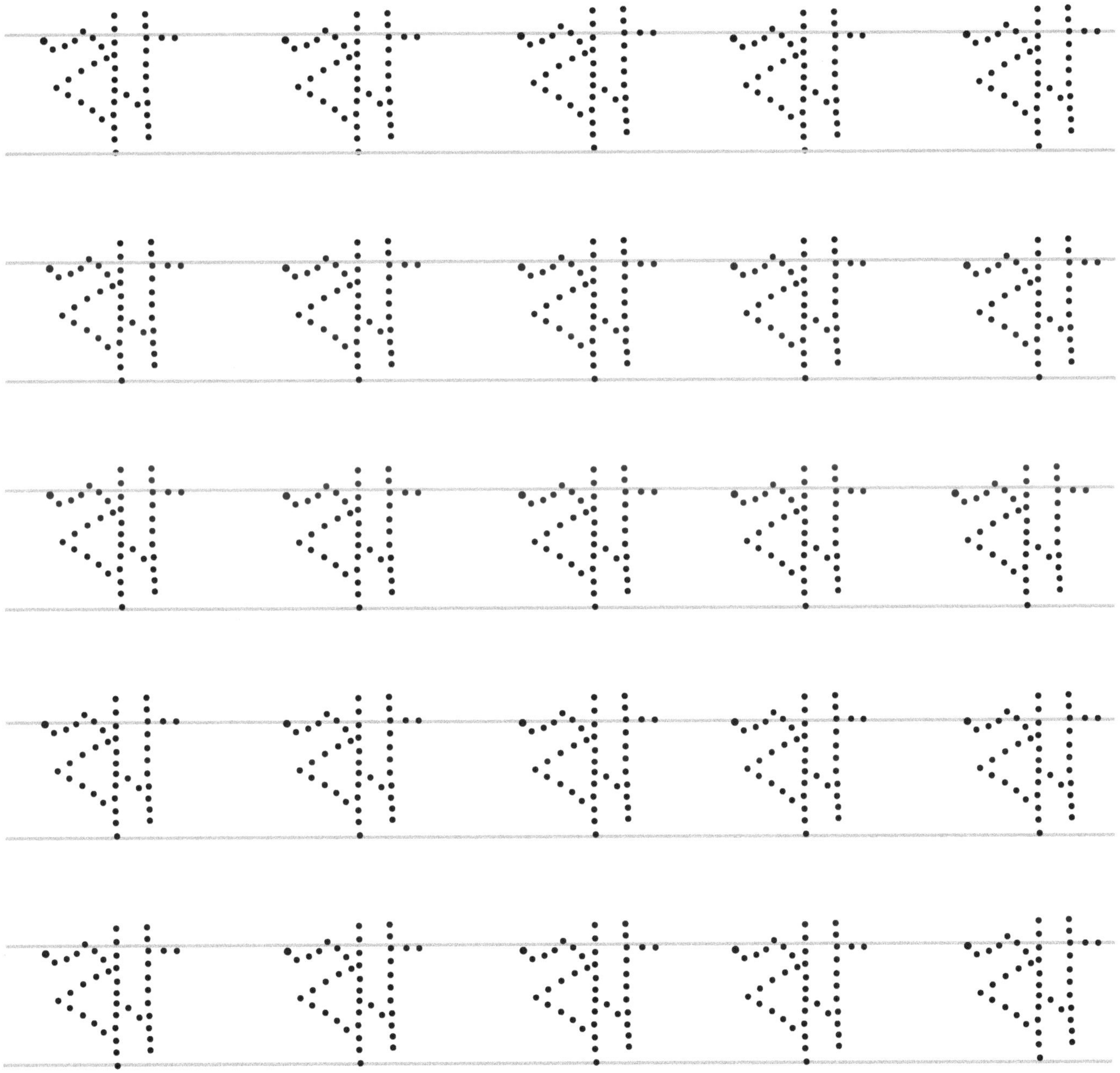

এসো রং করি

রং করি এসো

এ এ

এ এ

একতারা

এমু

এসো রং করি

এ এ এ

এ এ এ

এ থাকা ঘরগুলো রং করি এসো

এ বর্ণগুলো গোল ◯ করি এসো

ঊ	এ	ঊ	এ	ঋ
ঋ	ঊ	এ	ঋ	এ
ঊ	উ	এ	ঊ	ঋ
এ	এ	উ	ঈ	ঊ
ঊ	উ	এ	ঊ	ঋ
ঈ	এ	অ	ঋ	এ
এ	আ	এ	ঊ	উ
ঋ	এ	ই	ঋ	ঈ
অ	উ	ঋ	এ	উ
এ	ঋ	আ	ঊ	এ

লিখি এসো

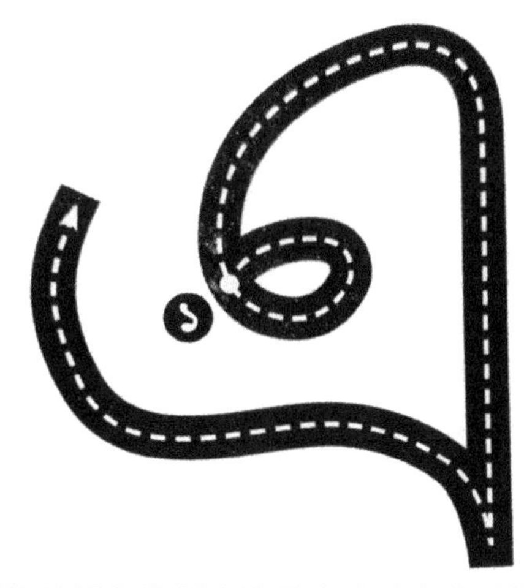

এসো রং করি

রং করি এসো

ঐ ঐ

ঐ ঐ

ঐরাবত

ঐকতান

এসো রং করি

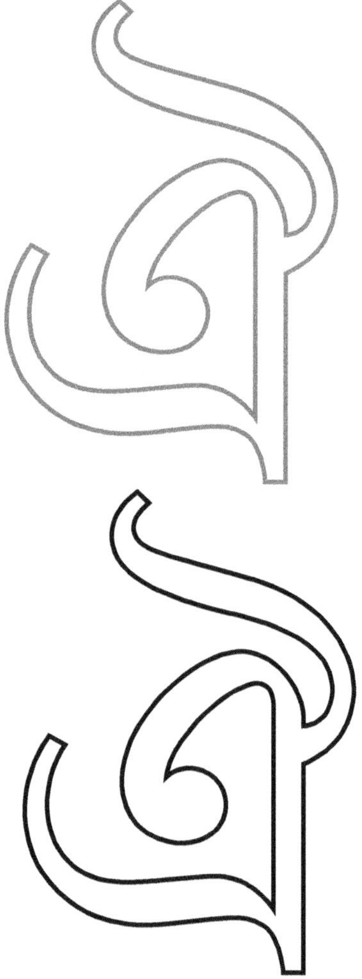

ঐ থাকা ঘরগুলো রং করি এসো

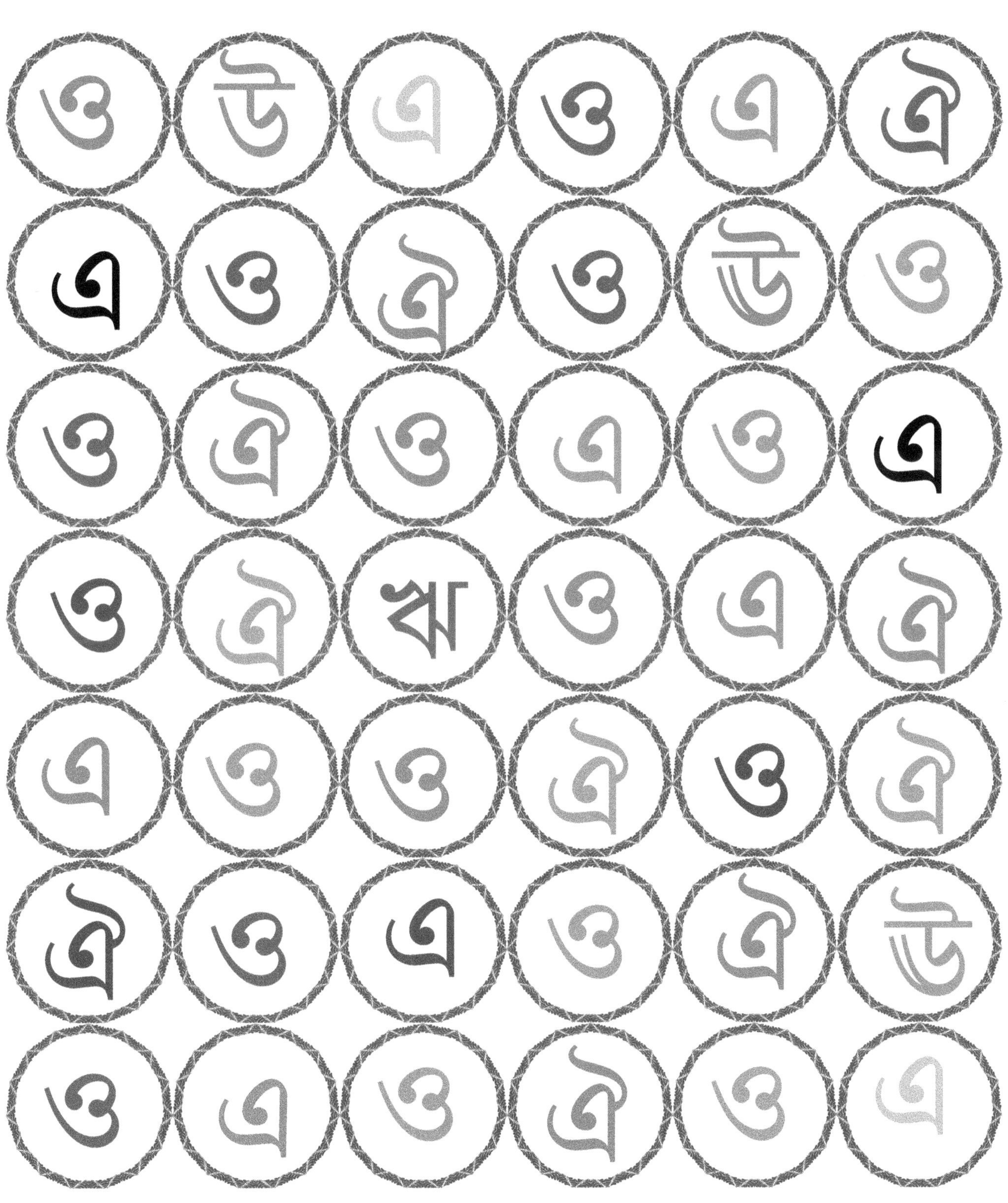

ঐ বর্ণগুলো গোল ◯ করি এসো

ঊ	এ	ঐ	এ	ঐ
ঋ	ঐ	এ	ঋ	এ
ঊ	ঊ	এ	ঊ	ঐ
এ	ঐ	ঊ	ঐ	ঊ
ঐ	ঊ	এ	ঊ	ঐ
ঈ	এ	ঐ	ঋ	এ
এ	ঐ	এ	ঐ	ঊ
ঋ	এ	ই	ঋ	ঈ
ঐ	ঊ	ঐ	এ	ঐ
এ	ঐ	আ	ঐ	এ

লিখি এসো

এসো রং করি

রং করি এসো

ওলকপি

ওল

এসো রং করি

ও থাকা ঘরগুলো রং করি এসো

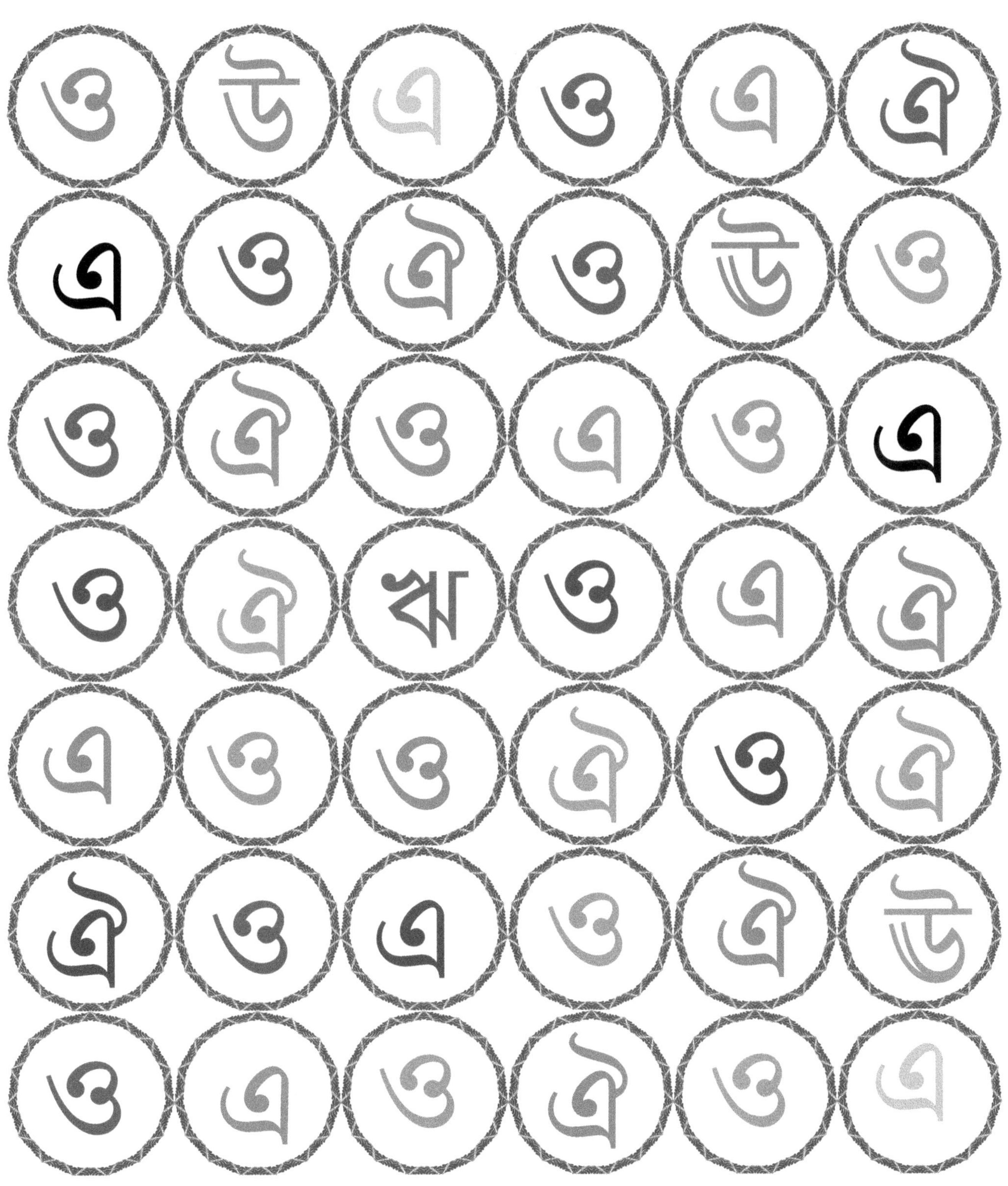

ও বর্ণগুলো গোল ◯ করি এসো

ঊ	ও	ঐ	এ	ও
ঋ	ঐ	এ	ও	এ
ও	উ	ও	ঊ	ও
এ	ও	উ	ঐ	ঊ
ও	উ	এ	ও	ঐ
ঈ	এ	ঐ	ও	এ
ও	ঐ	এ	ঐ	ও
ঋ	ও	ও	ঋ	ঈ
ও	উ	ঐ	ও	ঐ
এ	ও	ও	ঐ	এ

লিখি এসো

এসো রং করি

রং করি এসো

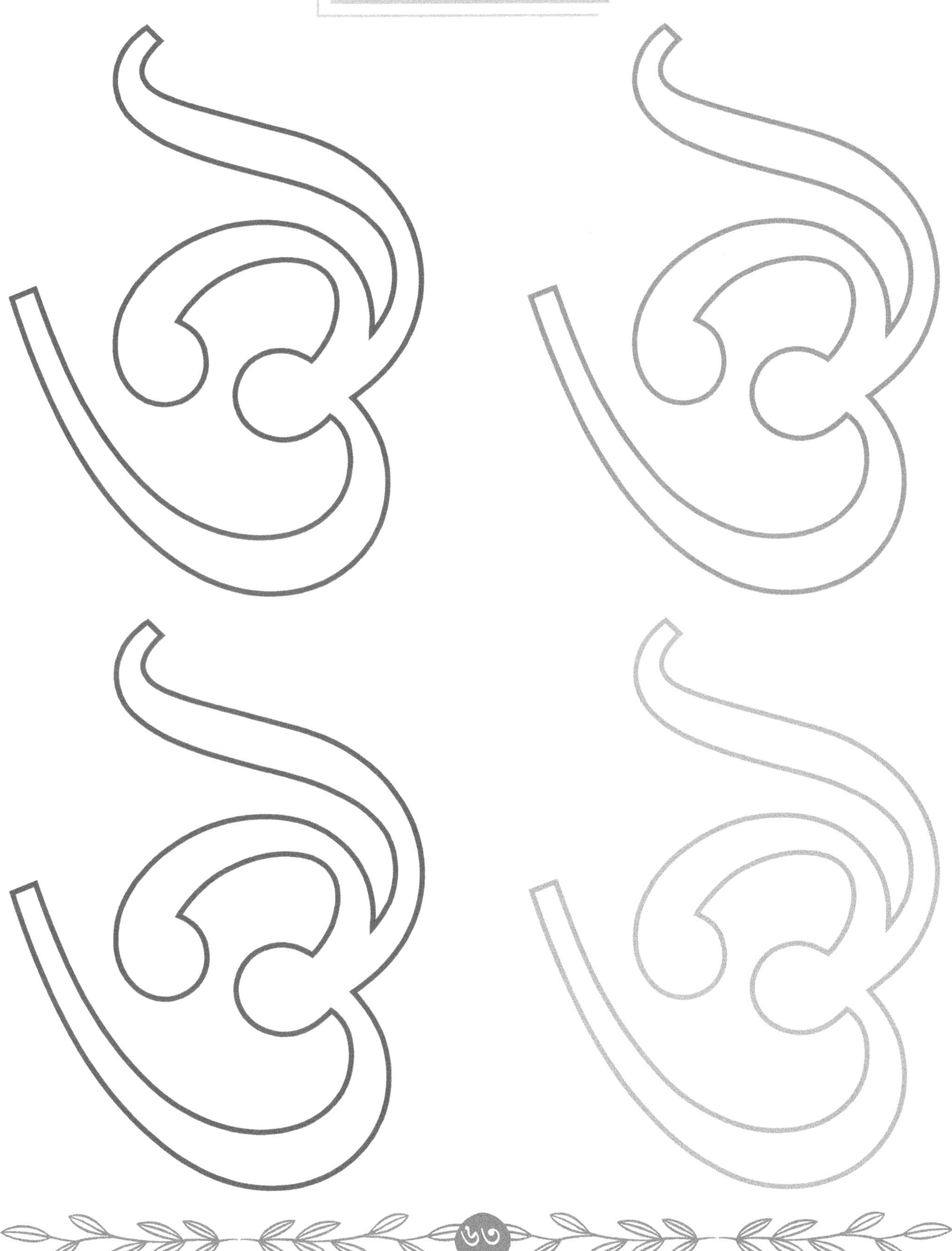

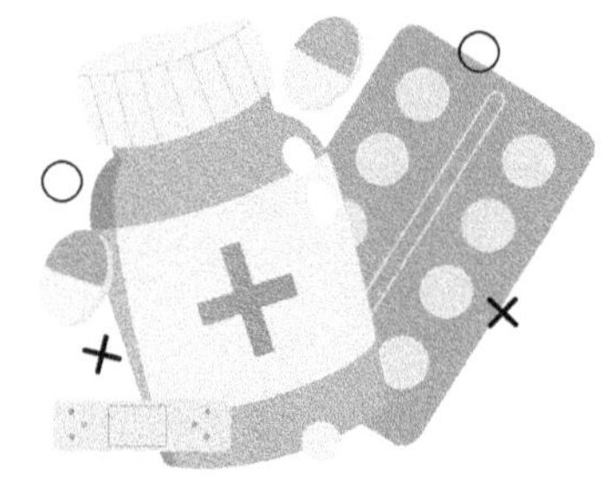

ঔষদ

ঔষধালয়

এসো রং করি

ঔ ঔ ঔ
ঔ ঔ ঔ

ঔ থাকা ঘরগুলো রং করি এসো

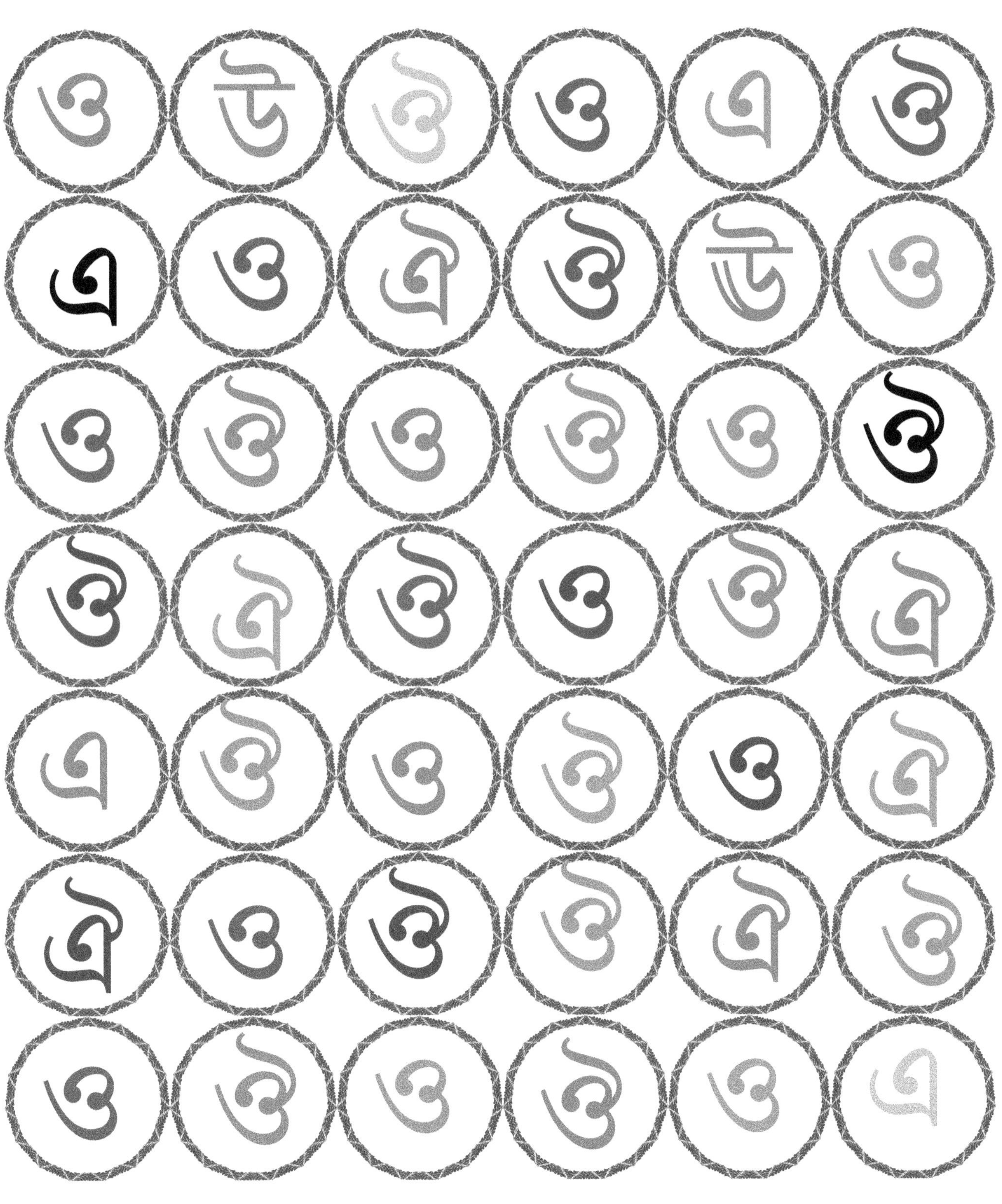

ঔ বর্ণগুলো গোল ◯ করি এসো

ঔ	ও	ঐ	এ	ঔ
এ	ঐ	ও	ও	এ
ও	ঔ	ও	ঔ	ও
এ	ও	ঔ	ঐ	ঔ
ঔ	ঐ	এ	ঔ	ঐ
ও	এ	ঔ	ও	ঔ
ও	ঔ	এ	ঐ	ও
ঋ	ও	ঔ	ঋ	ঈ
ও	ঔ	ঐ	ঔ	ঐ
ঔ	ঐ	ও	ঔ	এ

লিখি এসো

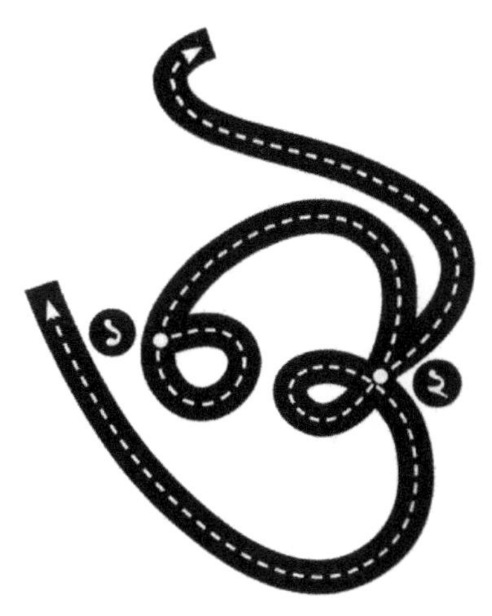

ব্যঞ্জনবর্ণ পড়ি

ক	খ	গ	ঘ	ঙ
চ	ছ	জ	ঝ	ঞ
ট	ঠ	ড	ঢ	ণ
ত	থ	দ	ধ	ন
প	ফ	ব	ভ	ম
য	র	ল	শ	
ষ	স	হ	ড়	ঢ়
য়	ৎ	ং	ঃ	ঁ

এসো রং করি

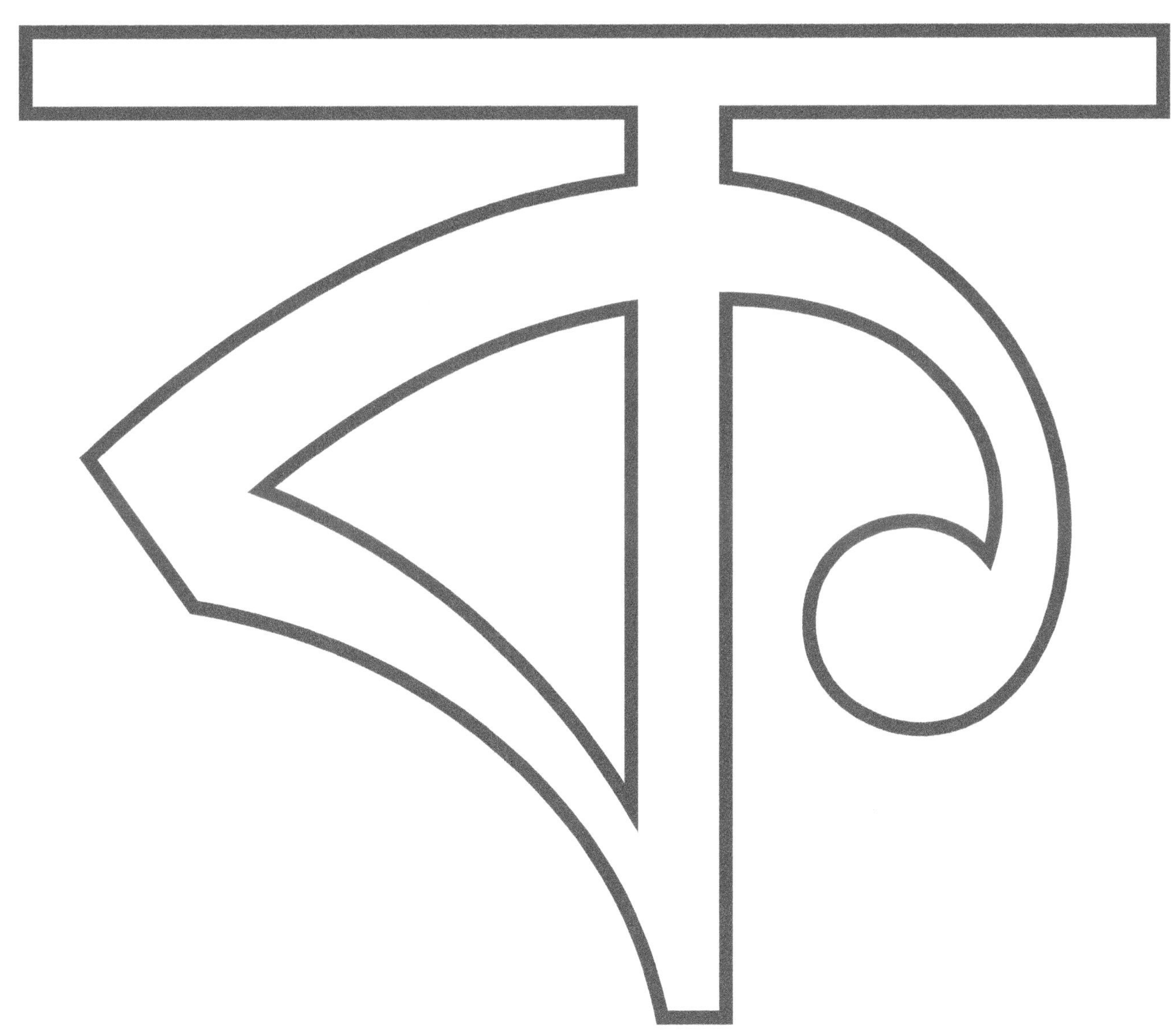

রং করি এসো

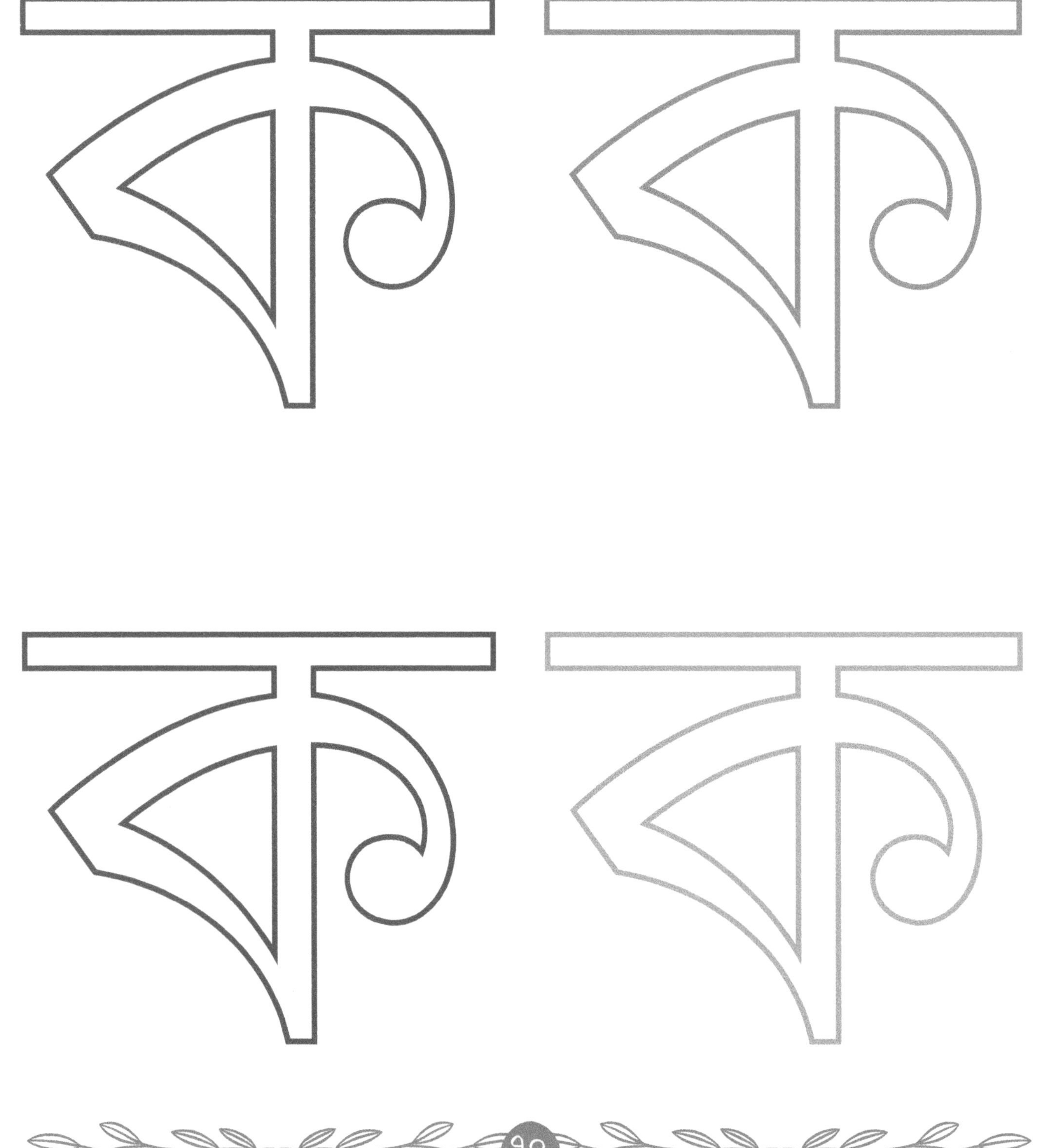

কলা

কাক

এসো রং করি

ক বর্ণ থাকা ঘরগুলো রং করি এসো

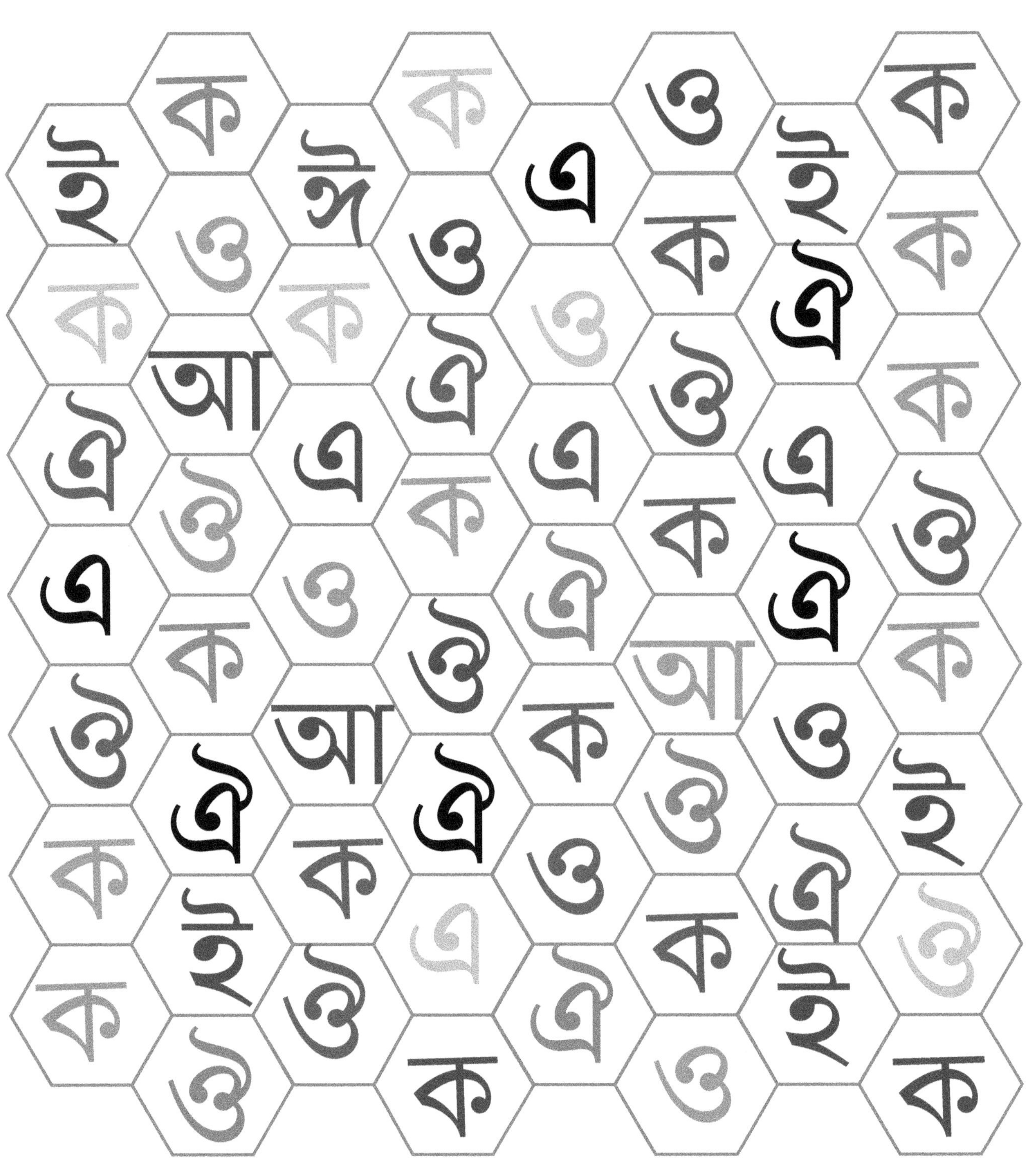

ক বর্ণগুলো গোল ◯ করি এসো

ক	এ	ক	এ	ক
ঔ	ঋ	ক	ঐ	ঔ
ক	ক	ঔ	ক	ঐ
ঐ	এ	ক	ক	ঋ
ঔ	ক	ও	ঔ	ক
ও	ঐ	এ	ক	এ
ক	এ	ক	ঔ	ক
ঔ	ক	ঔ	ক	ঐ
ক	ও	ক	ঋ	ও
ও	ক	এ	ঐ	ক

লিখি এসো

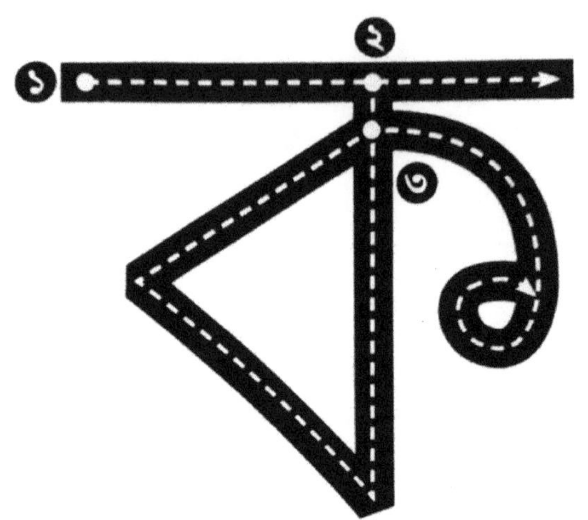

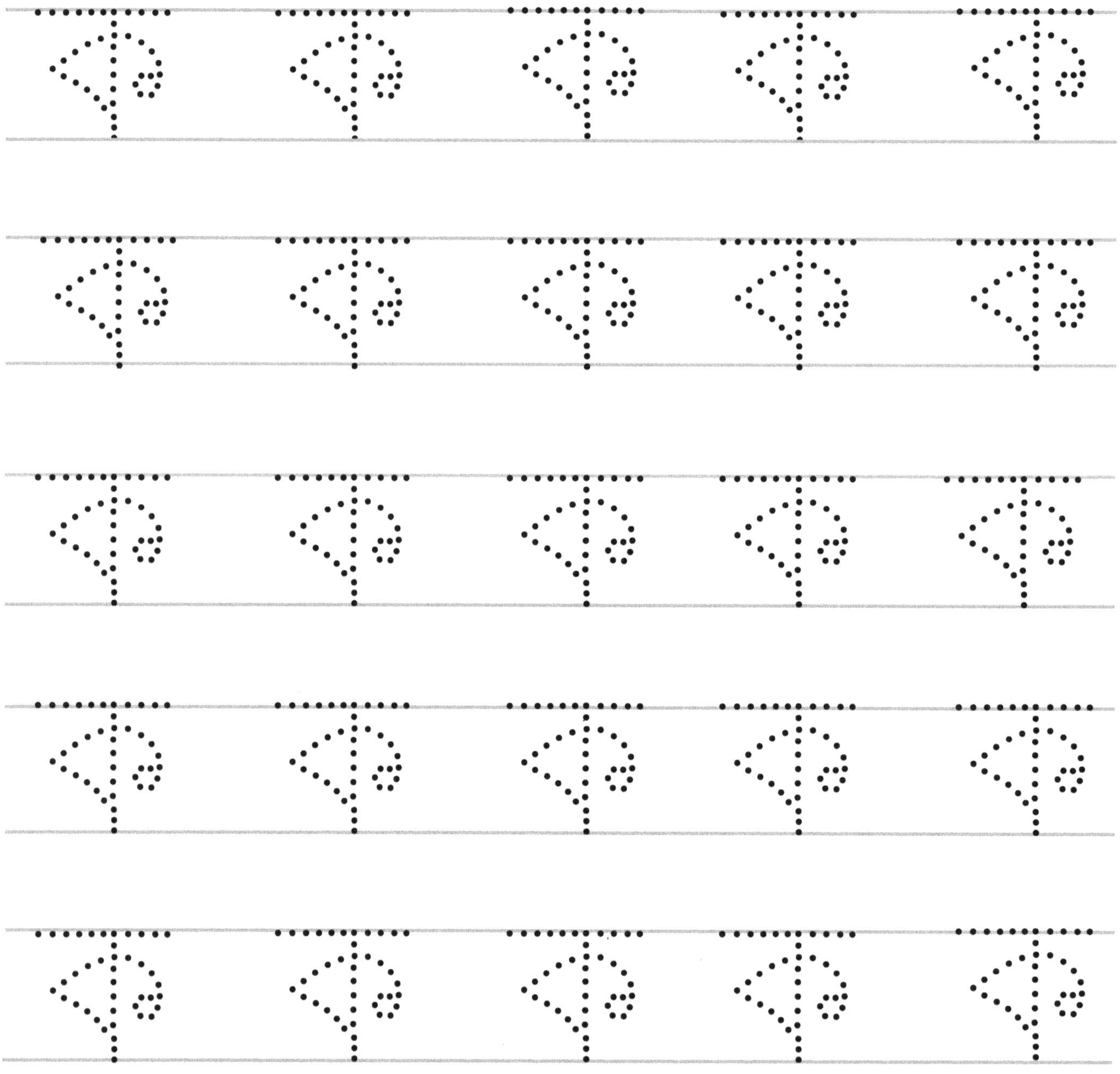

এসো রং করি

রং করি এসো

খরগোশ

খেলনা

এসো রং করি

খ বর্ণ থাকা ঘরগুলো রং করি এসো

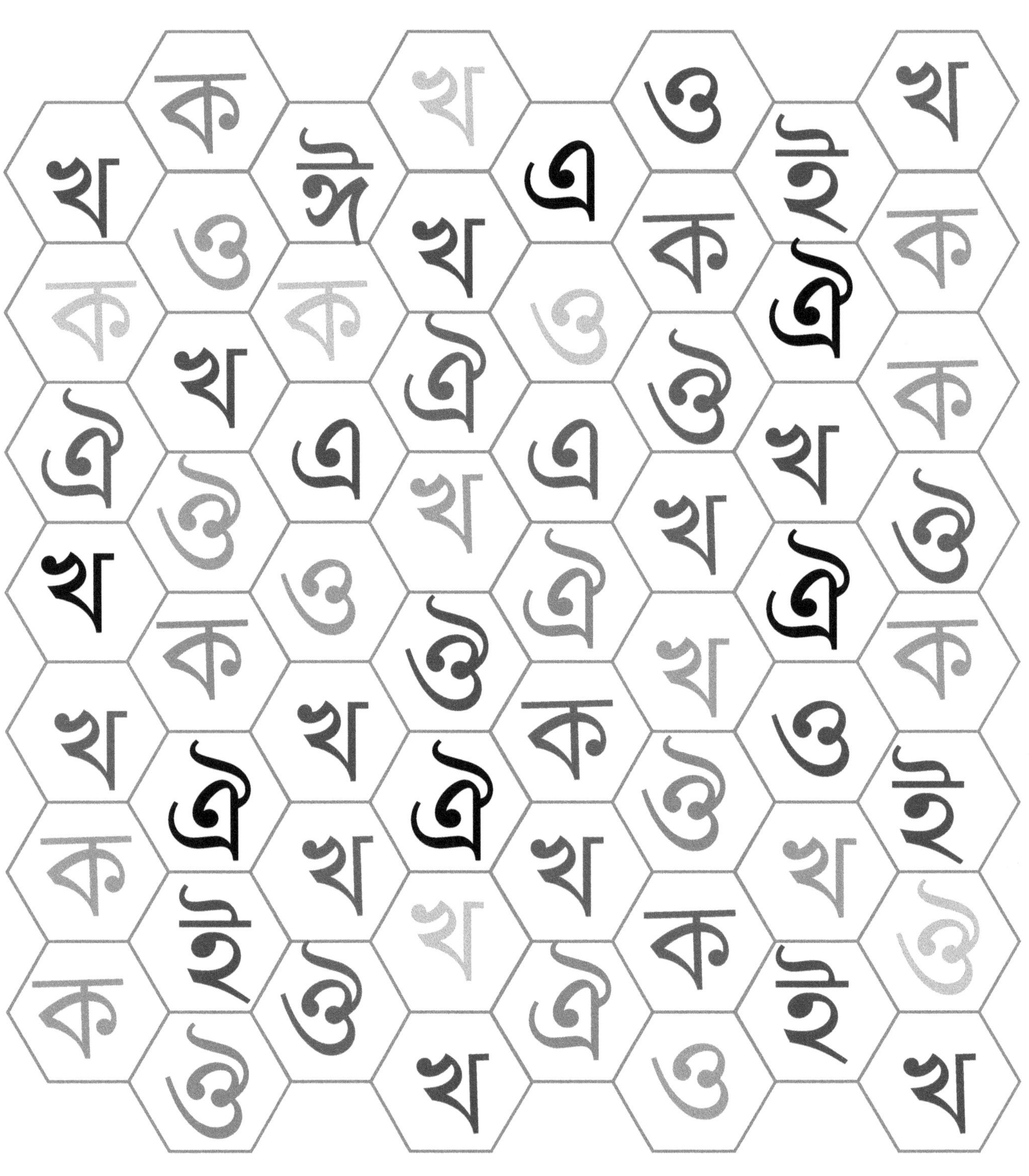

খ বর্ণগুলো গোল ◯ করি এসো

ক	এ	খ	এ	খ
খ	ঋ	ক	খ	ঔ
ক	খ	ঔ	ক	ঐ
ঐ	এ	ক	খ	খ
ঔ	খ	খ	ঔ	ক
খ	ঐ	এ	ক	এ
ক	এ	খ	খ	খ
খ	ক	ঔ	ক	ঐ
ক	খ	ক	ঋ	ও
ও	খ	এ	খ	ক

লিখি এসো

থ থ থ থ থ

থ থ থ থ থ

থ থ থ থ থ

থ থ থ থ থ

থ থ থ থ থ

এসো রং করি

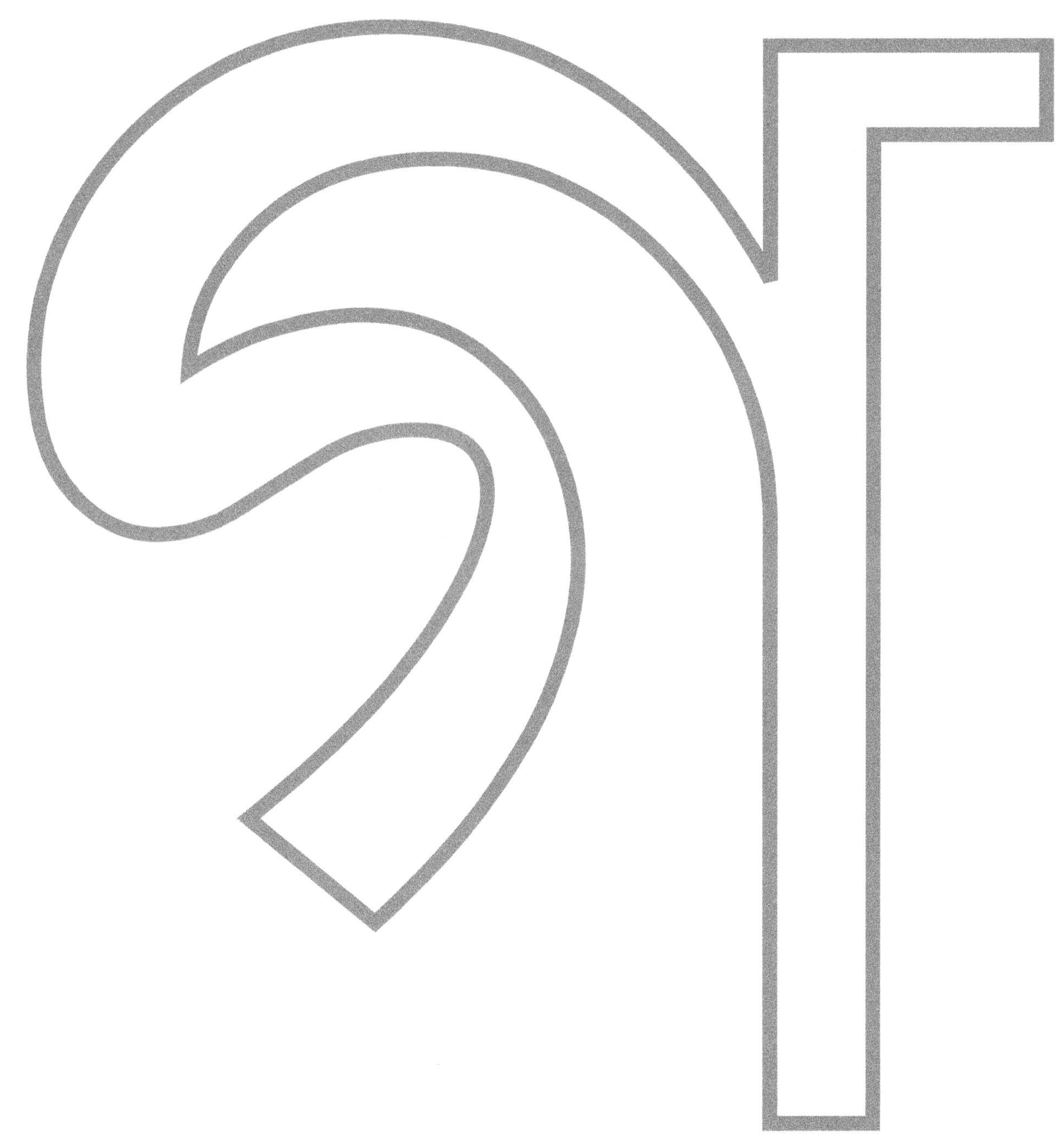

রং করি এসো

গ গ

গ গ

গরু

গাড়ি

এসো রং করি

গ গ গ

গ গ গ

গ বর্ণ থাকা ঘরগুলো রং করি এসো

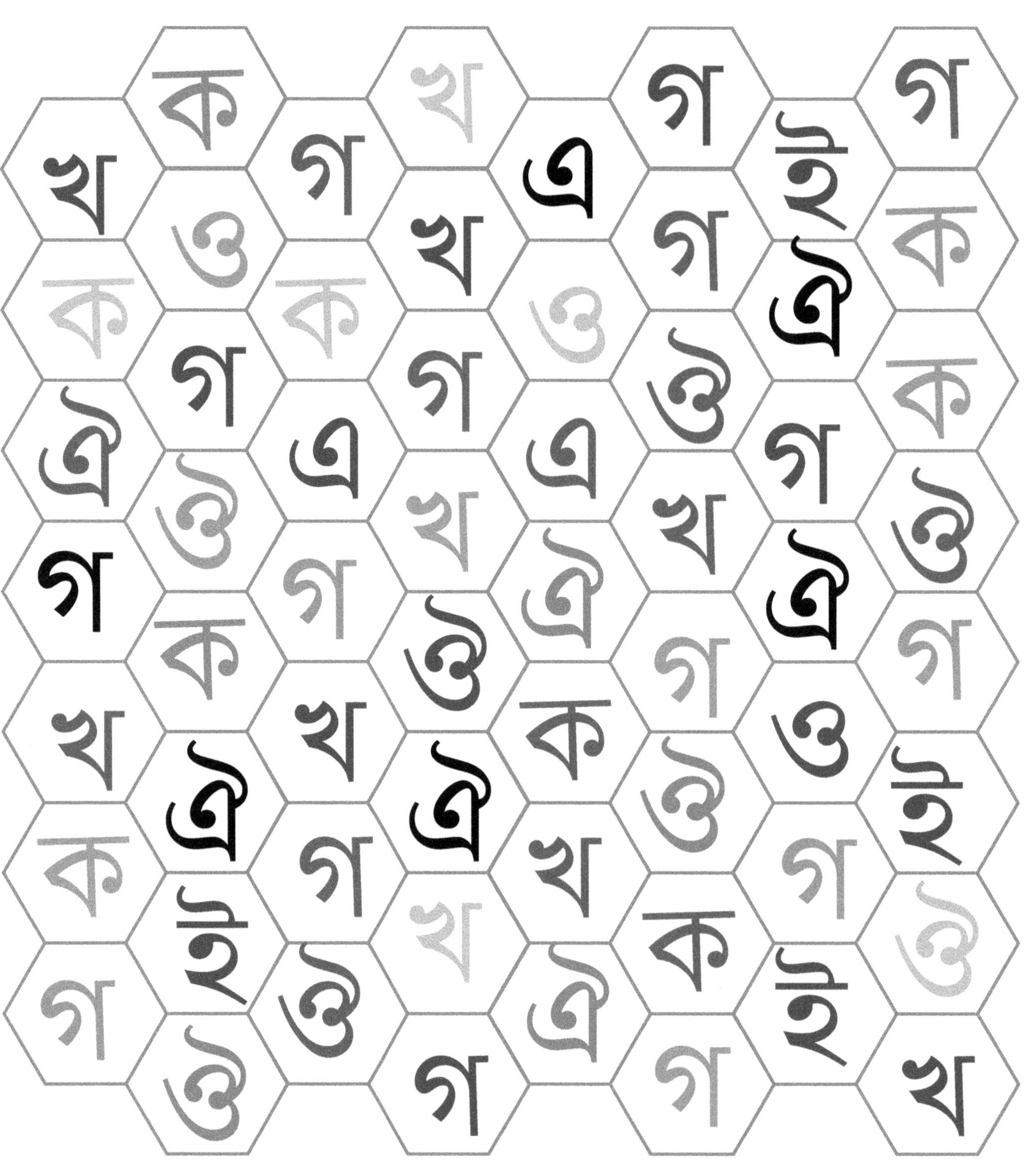

গ বর্ণগুলো গোল ◯ করি এসো

ক	এ	গ	এ	খ
খ	গ	ক	খ	গ
ক	খ	গ	ক	ঐ
গ	এ	ক	গ	খ
ঔ	গ	খ	ঔ	গ
গ	ঐ	এ	ক	এ
ক	গ	খ	গ	খ
খ	ক	গ	ক	ঐ
ক	খ	ক	ঝ	ও
ও	গ	এ	খ	গ

লিখি এসো

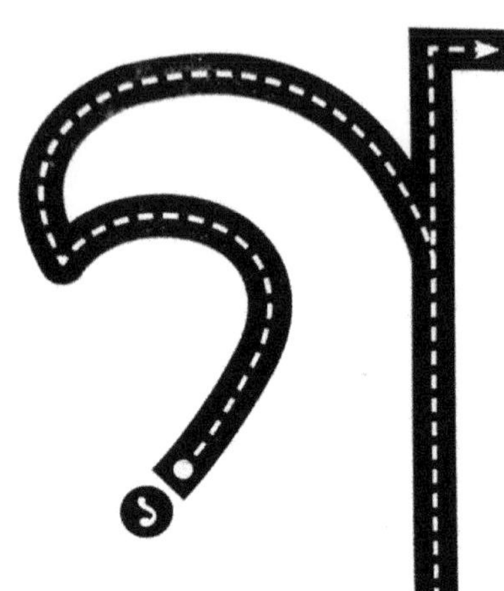

এসো রং করি

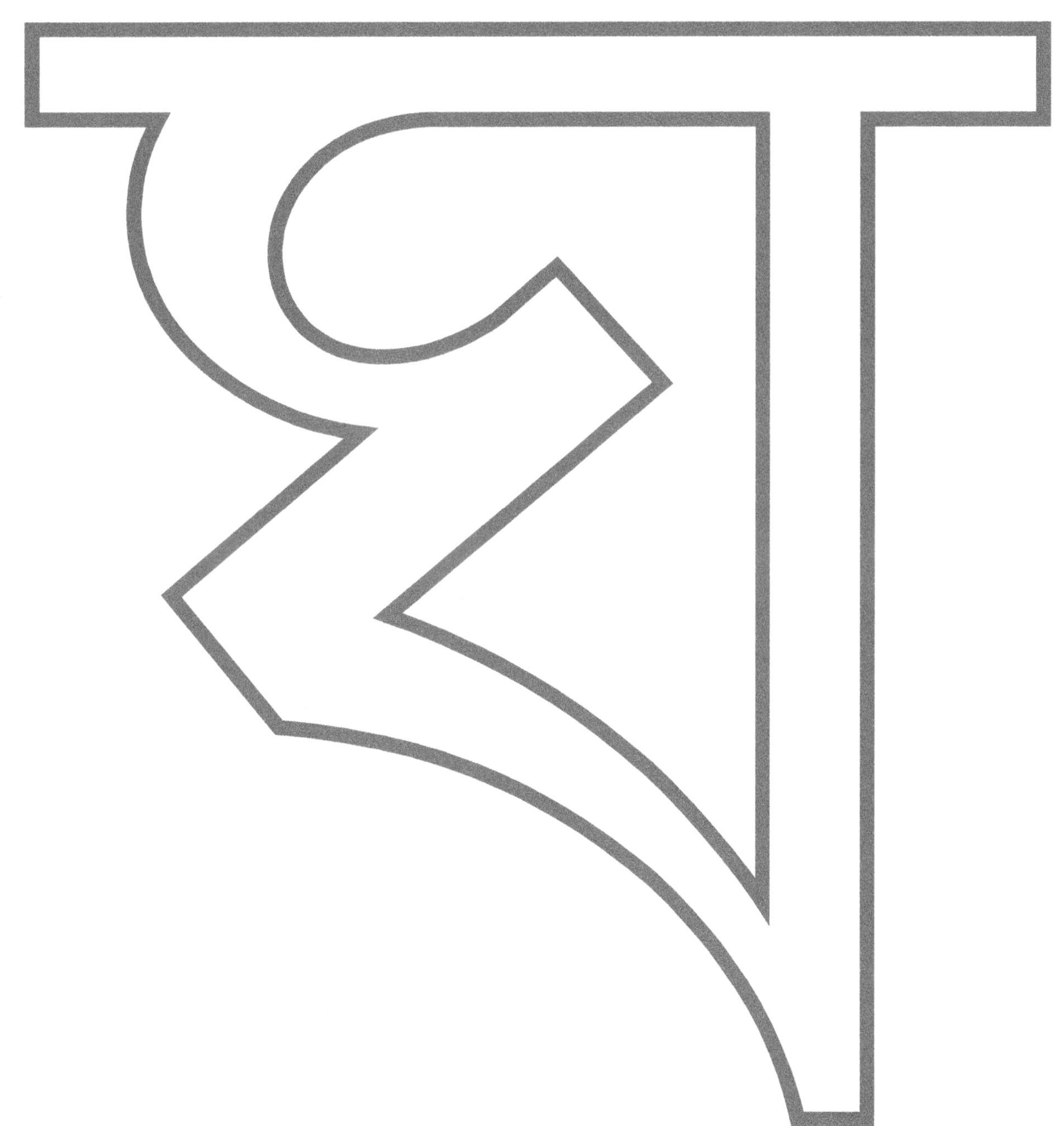

রং করি এসো

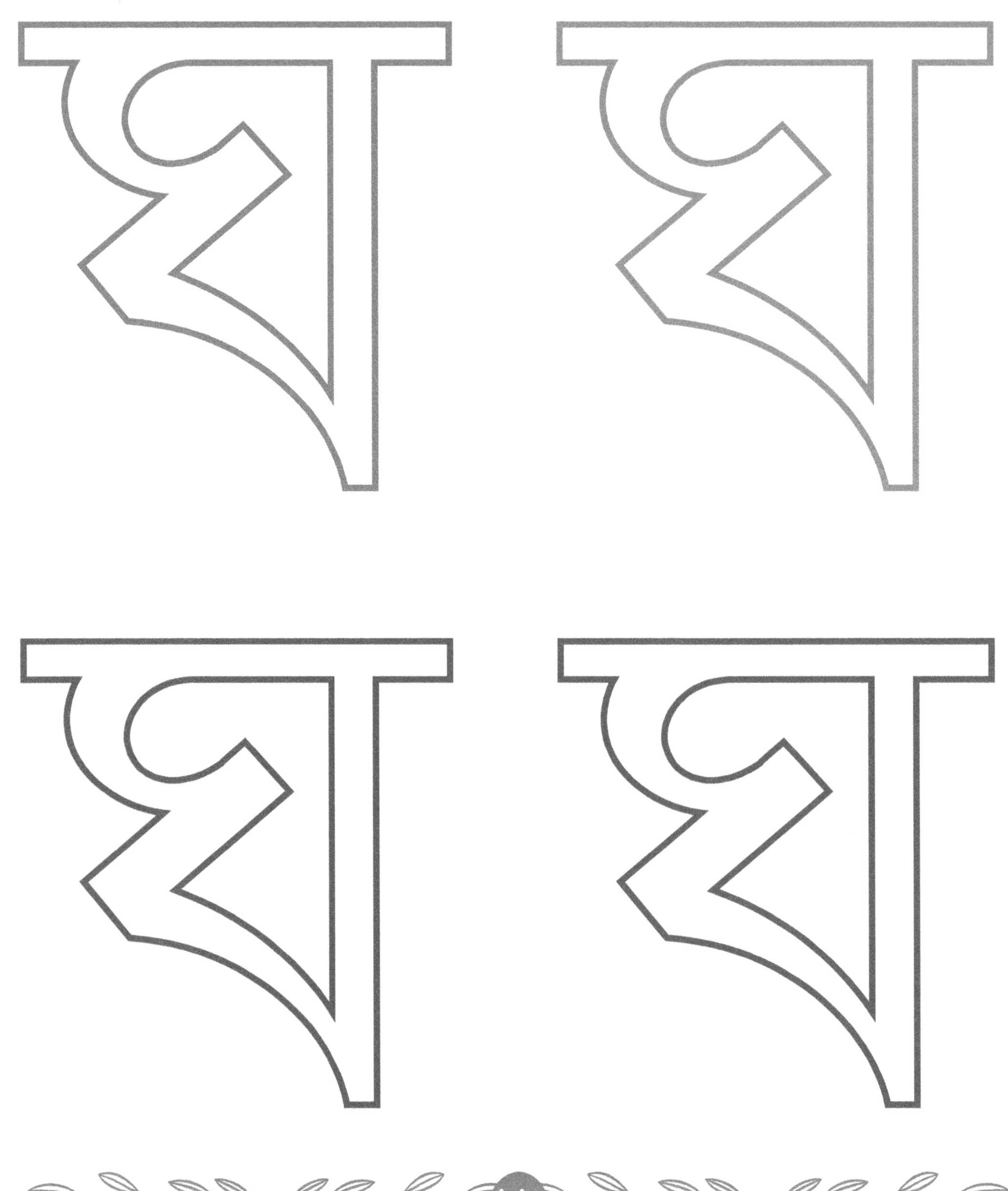

ঘুড়ি

ঘোড়া

এসো রং করি

ঘ ঘ ঘ

ঘ ঘ ঘ

ঘ বর্ণ থাকা ঘরগুলো রং করি এসো

ঘ বর্ণগুলো গোল ◯ করি এসো

ঘ	এ	গ	খ	ঘ
খ	ঘ	ক	ঘ	গ
ঘ	খ	গ	ক	ঐ
গ	ঘ	ক	ঘ	খ
ঔ	ঘ	খ	ঔ	ঘ
গ	ঐ	এ	ক	এ
ক	গ	ঘ	গ	খ
ঘ	ঘ	গ	ক	ঘ
ক	খ	ক	ঝ	ও
ও	ঘ	ঘ	ঘ	গ

লিখি এসো

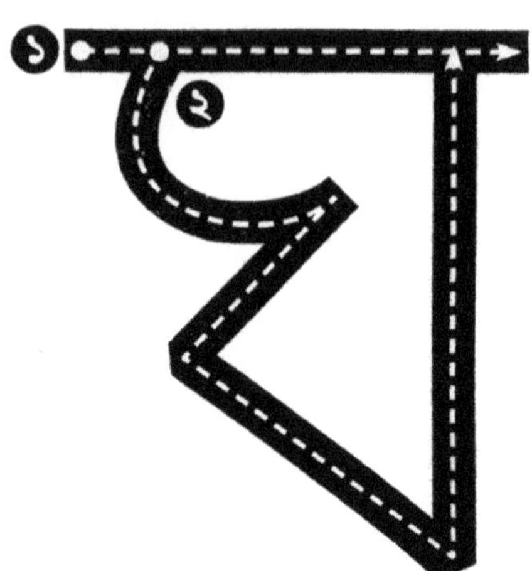

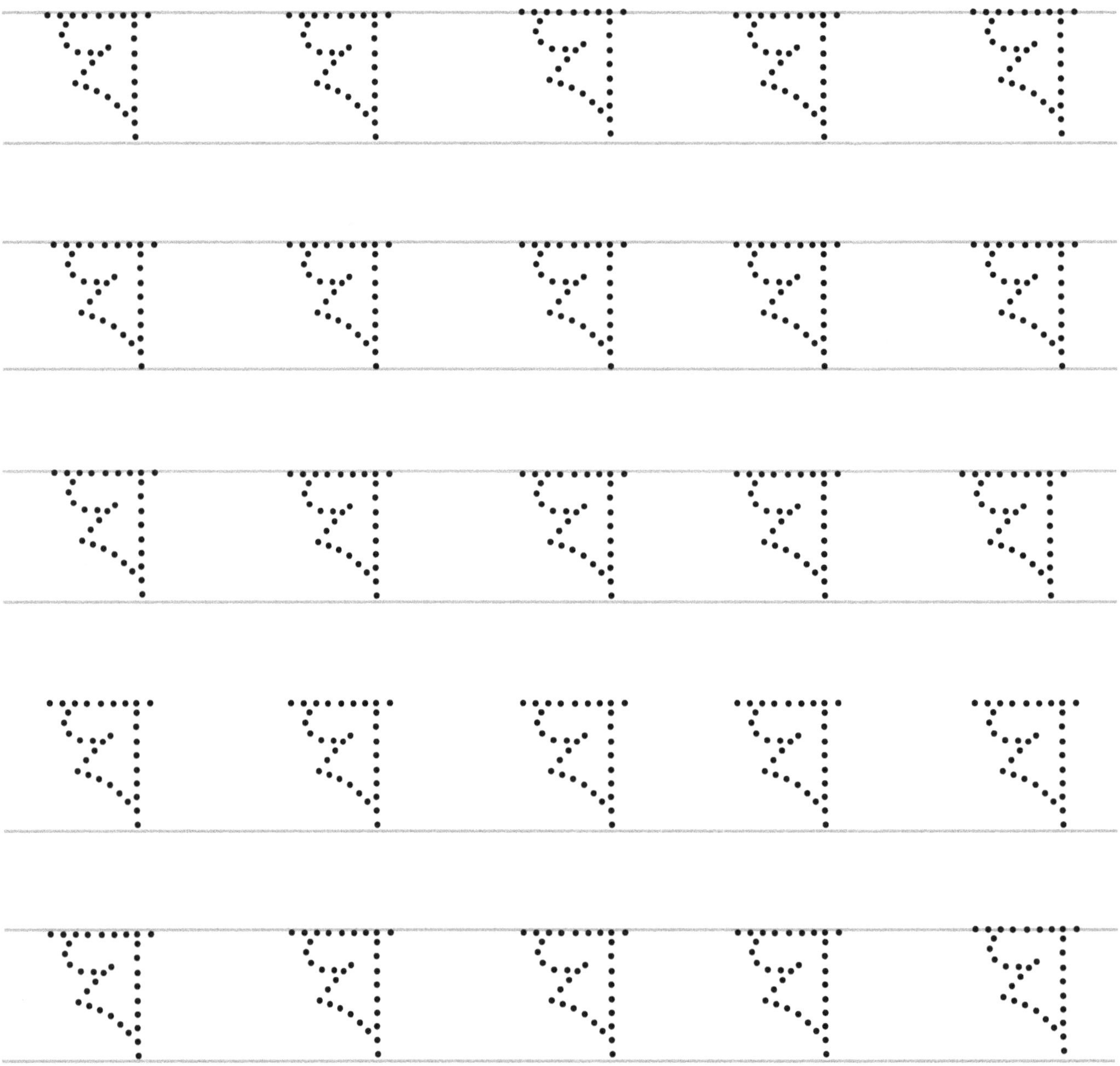

ঘ ঘ ঘ ঘ ঘ

ঘ ঘ ঘ ঘ ঘ

ঘ ঘ ঘ ঘ ঘ

ঘ ঘ ঘ ঘ ঘ

ঘ ঘ ঘ ঘ ঘ

এসো রং করি

রং করি এসো

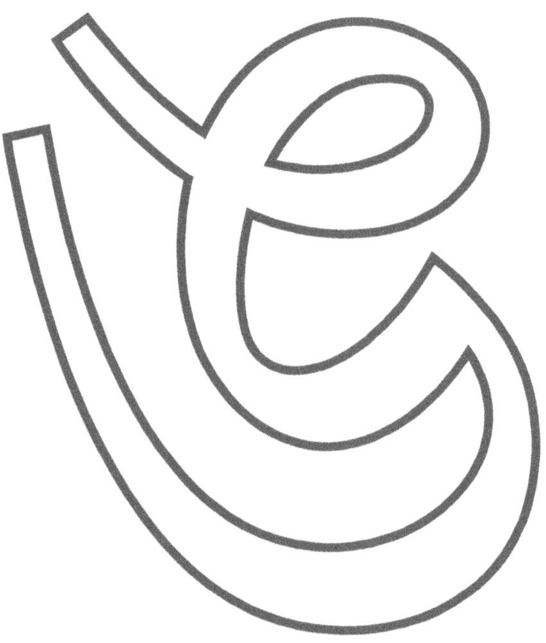

আঙুর

আঙুল

এসো রং করি

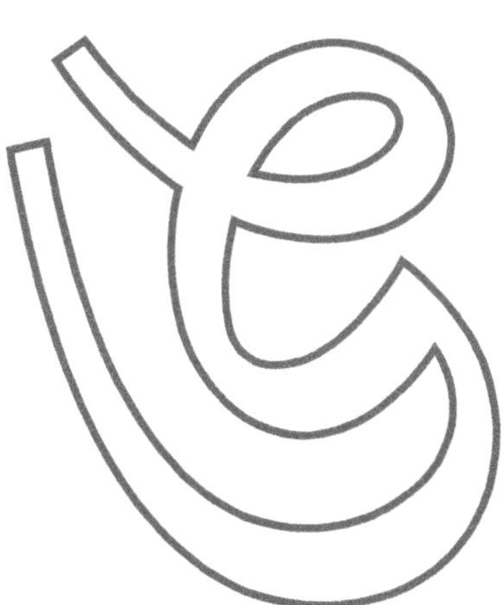
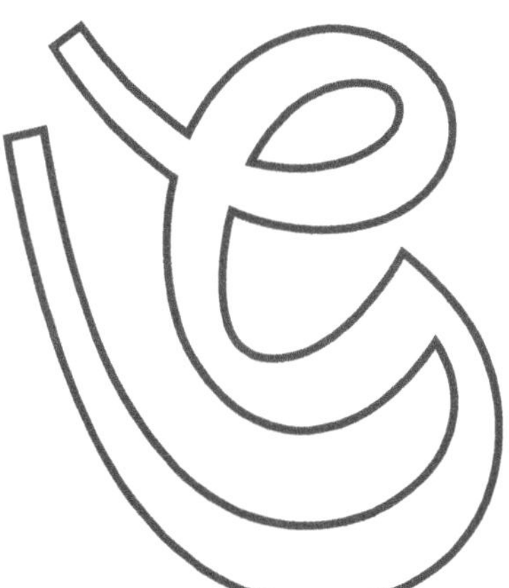

ঙ বর্ণ থাকা ঘরগুলো রং করি এসো

ঙ বর্ণগুলো গোল ◯ করি এসো

ঘ	ঙ	গ	ঙ	ঘ
ঙ	ঘ	ঙ	ঘ	ঙ
ঘ	খ	গ	ঘ	ঐ
গ	ঙ	ক	ঙ	খ
ঔ	ঘ	খ	ঔ	ঘ
ঙ	ঐ	ঙ	ক	ঙ
ক	ঙ	ঘ	ঙ	খ
ঙ	ঘ	গ	ক	ঘ
ক	খ	ঙ	ঋ	ঙ
ঙ	ঘ	ঘ	ঙ	গ

লিখি এসো

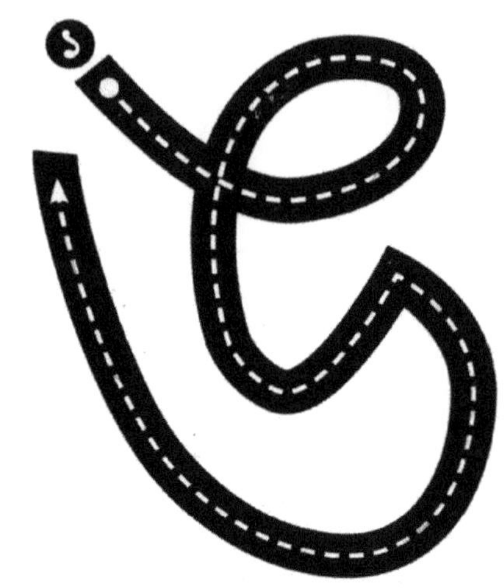

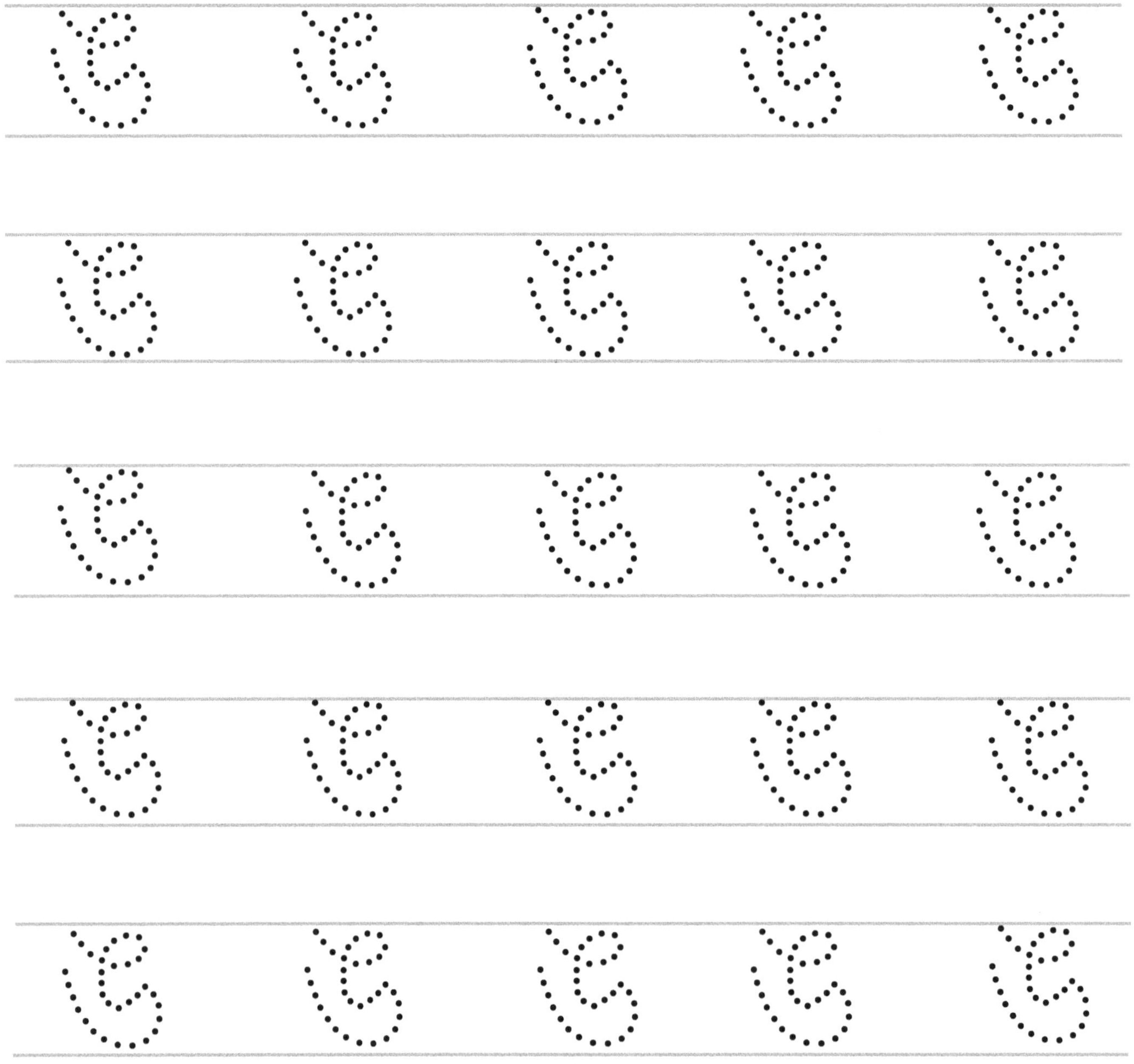

এসো রং করি

রং করি এসো

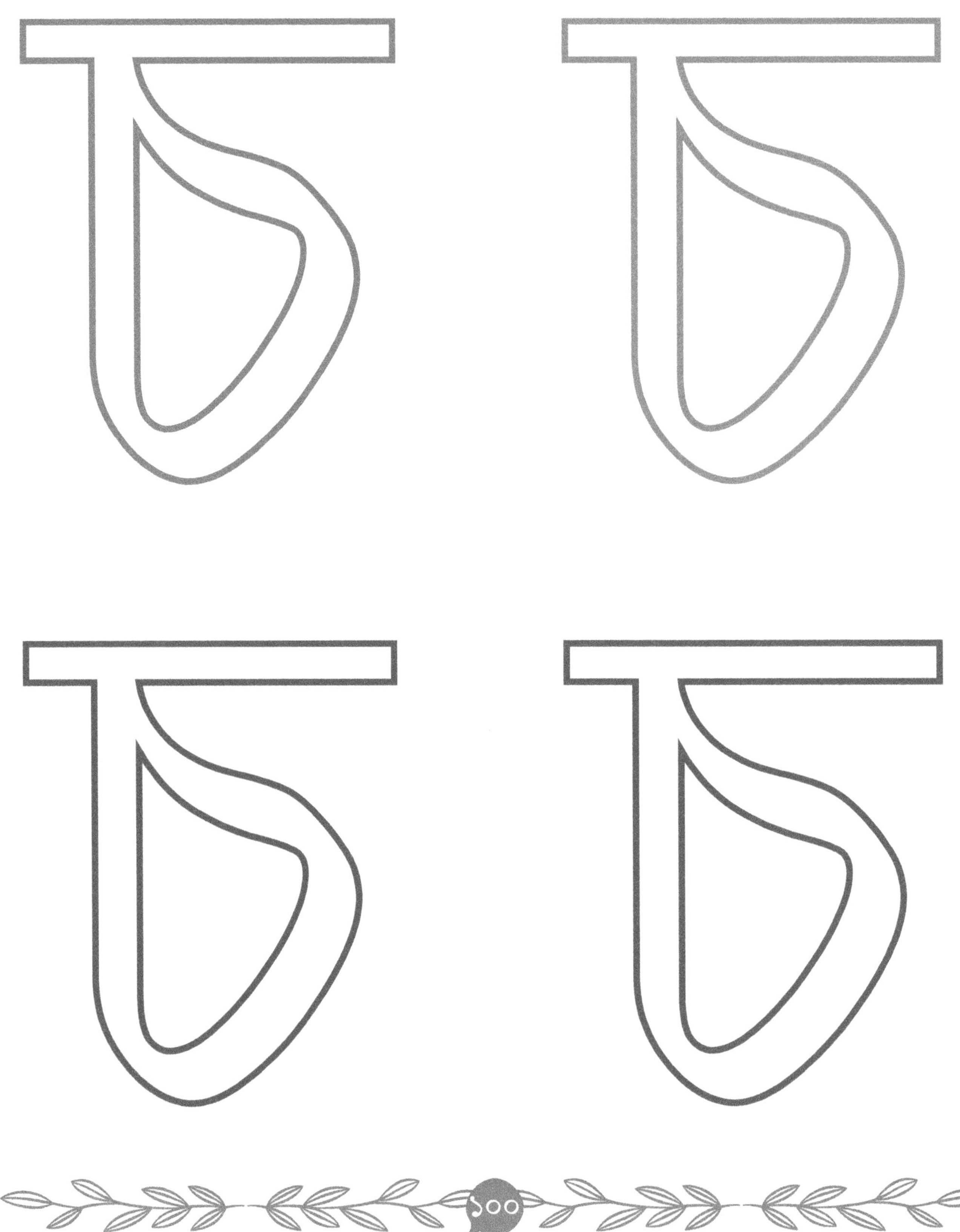

চাকা

চশমা

এসো রং করি

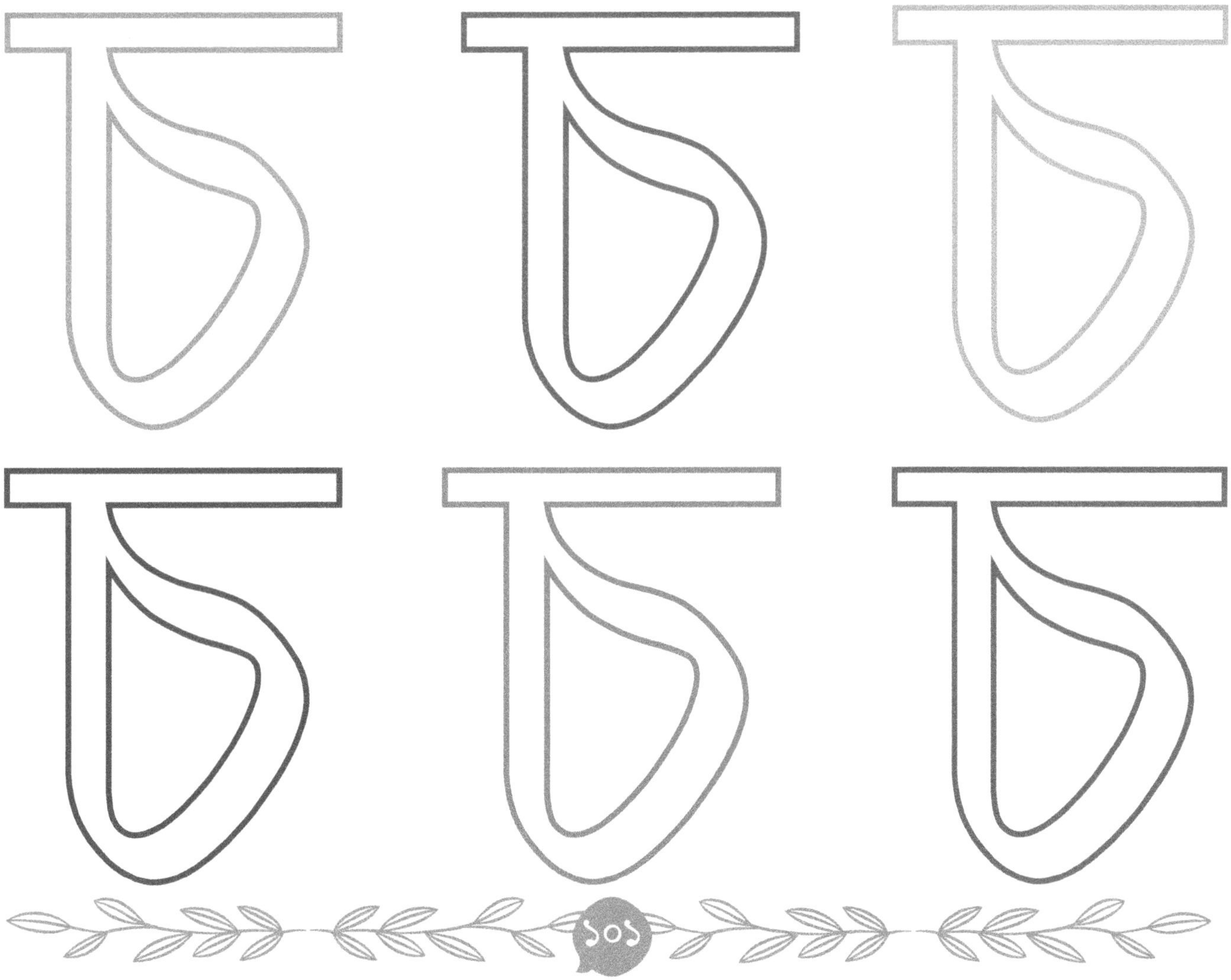

চ চ চ

চ চ চ

চ থাকা ঘরগুলো রং করি এসো

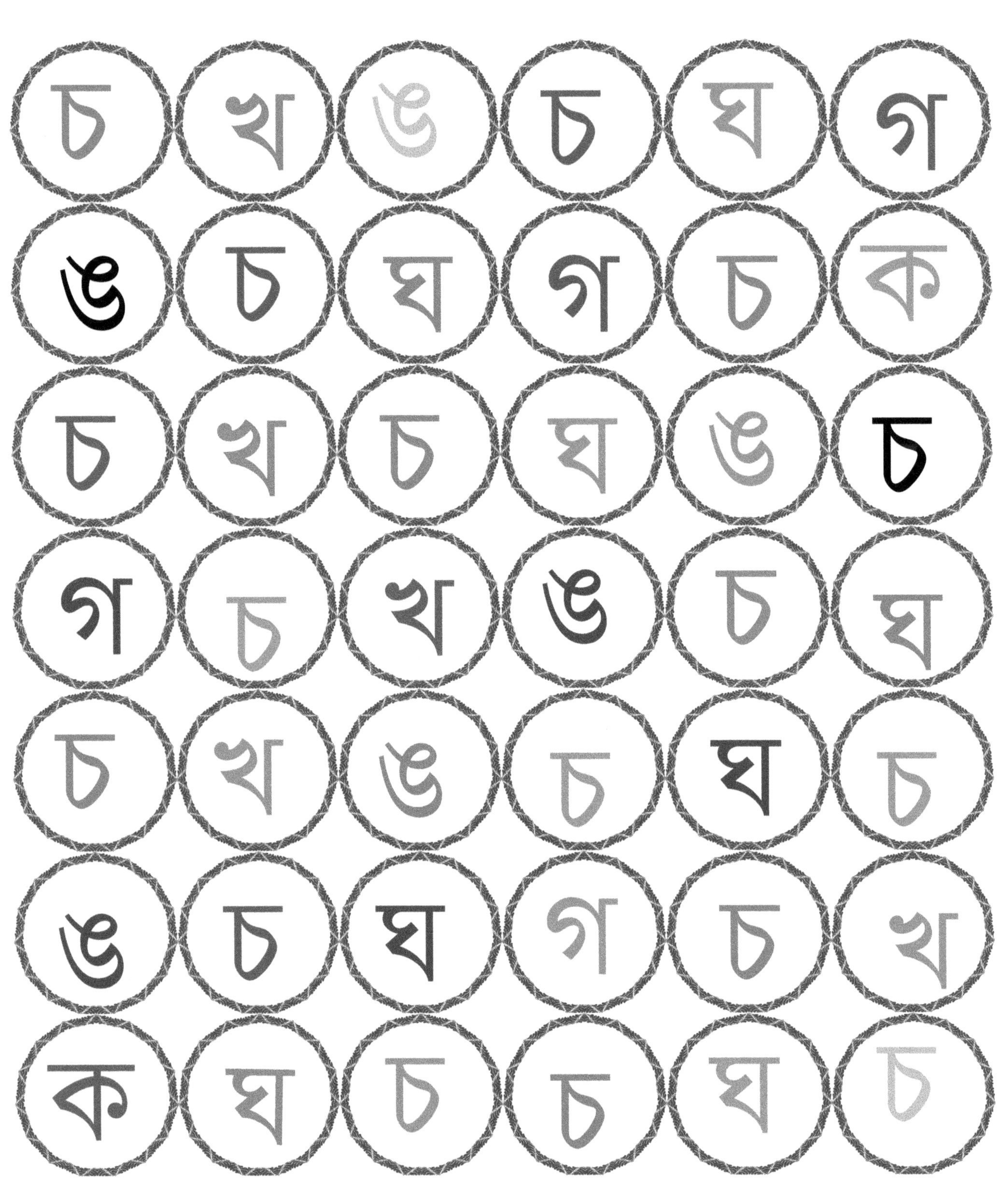

চ বর্ণগুলো গোল ◯ করি এসো

চ	ঙ	গ	চ	ঘ
ঙ	চ	ঙ	ঘ	ঙ
ঘ	খ	চ	ঘ	চ
চ	ঙ	ক	ঙ	খ
ঘ	চ	খ	চ	ঘ
চ	ঙ	ঙ	ক	চ
ক	চ	ঘ	চ	খ
চ	ঘ	গ	ক	ঘ
ক	খ	চ	ঋ	চ
ঙ	চ	ঘ	চ	গ

লিখি এসো

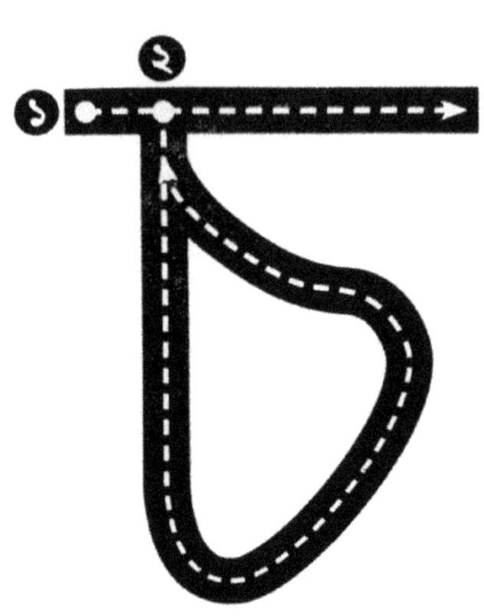

এসো রং করি

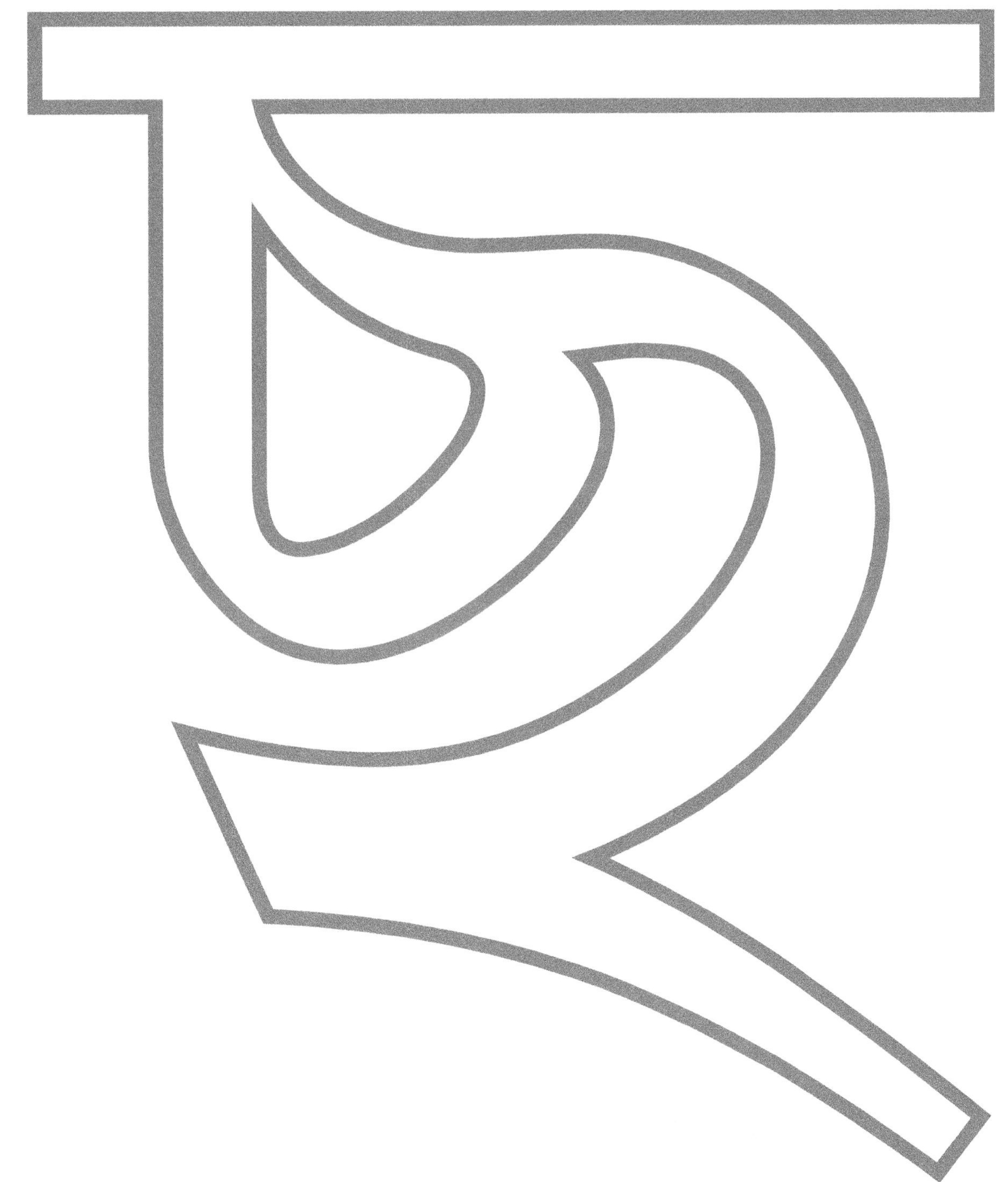

রং করি এসো

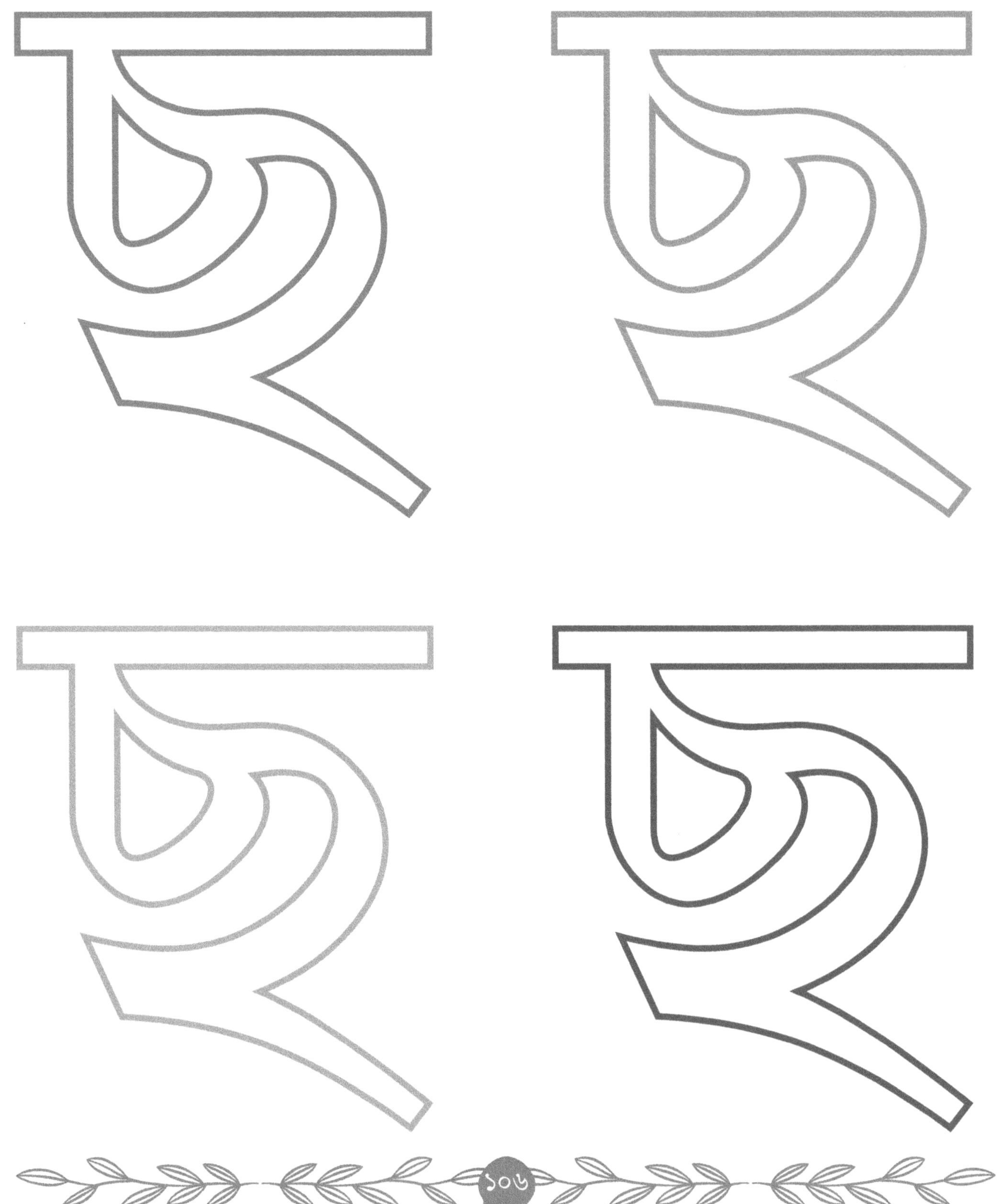

ছাগল

ছাতা

এসো রং করি

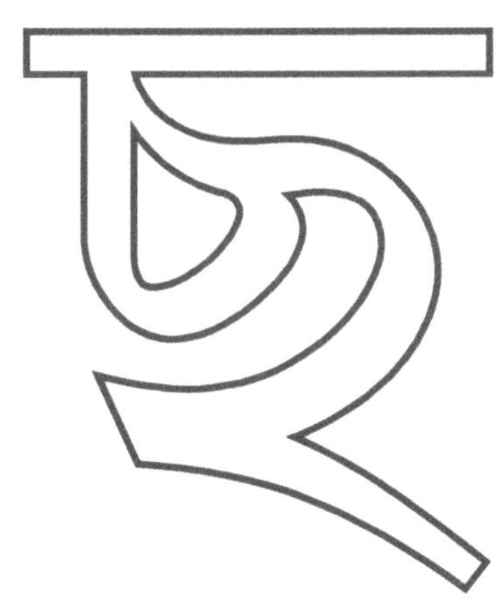

ছ থাকা ঘরগুলো রং করি এসো

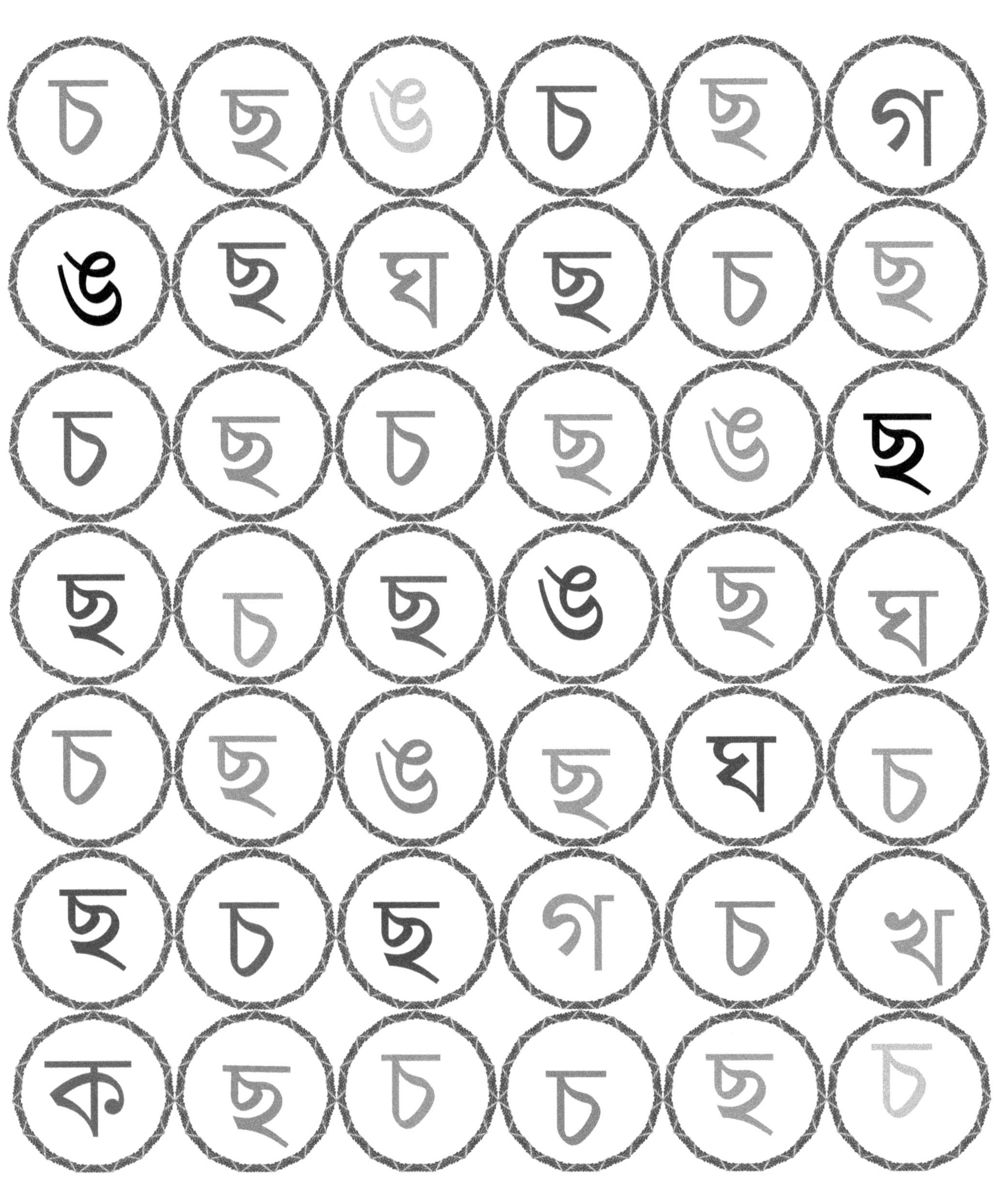

ছ বর্ণগুলো গোল ◯ করি এসো

চ	ছ	গ	চ	ছ
ছ	চ	ছ	ঘ	ঙ
ঘ	ছ	চ	ছ	চ
চ	ঙ	ছ	ঙ	ছ
ঘ	চ	খ	চ	ঘ
চ	ঙ	ছ	ক	চ
ছ	চ	ঘ	ছ	খ
চ	ঘ	ছ	ক	ছ
ক	ছ	চ	ছ	চ
ছ	চ	ঘ	চ	গ

লিখি এসো

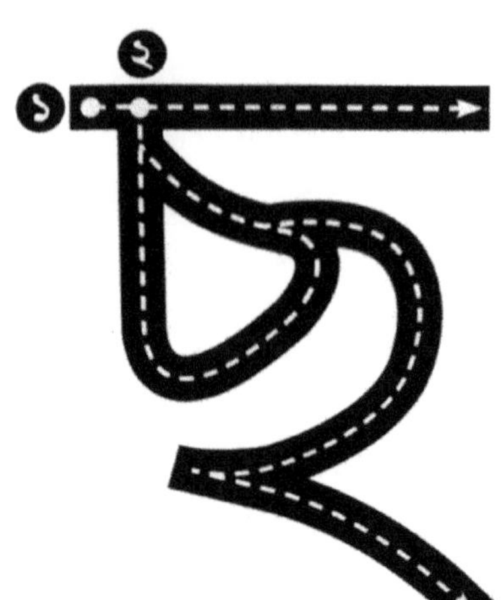

এসো রং করি

রং করি এসো

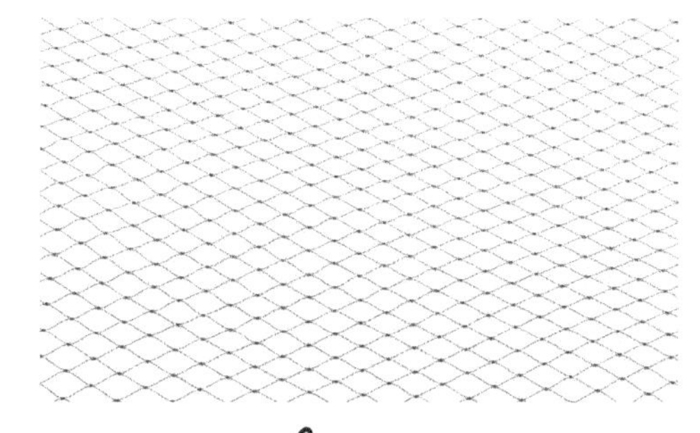

জাল

জাহাজ

এসো রং করি

জ থাকা ঘরগুলো রং করি এসো

জ বর্ণগুলো গোল ◯ করি এসো

চ	ছ	জ	চ	ছ
জ	চ	ছ	ঘ	জ
ঘ	ছ	জ	ছ	চ
জ	ঙ	ছ	ঙ	জ
ঘ	জ	খ	জ	ঘ
চ	জ	ছ	ক	চ
ছ	চ	ঘ	জ	খ
জ	জ	ছ	ক	ছ
ক	ছ	চ	জ	চ
ছ	জ	জ	চ	গ

লিখি এসো

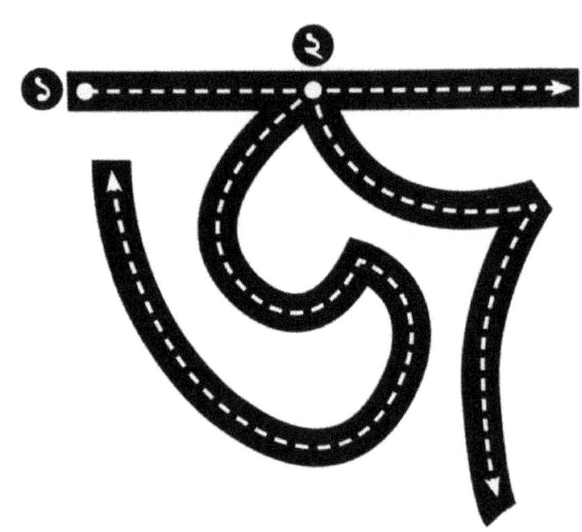

এসো রং করি

রং করি এসো

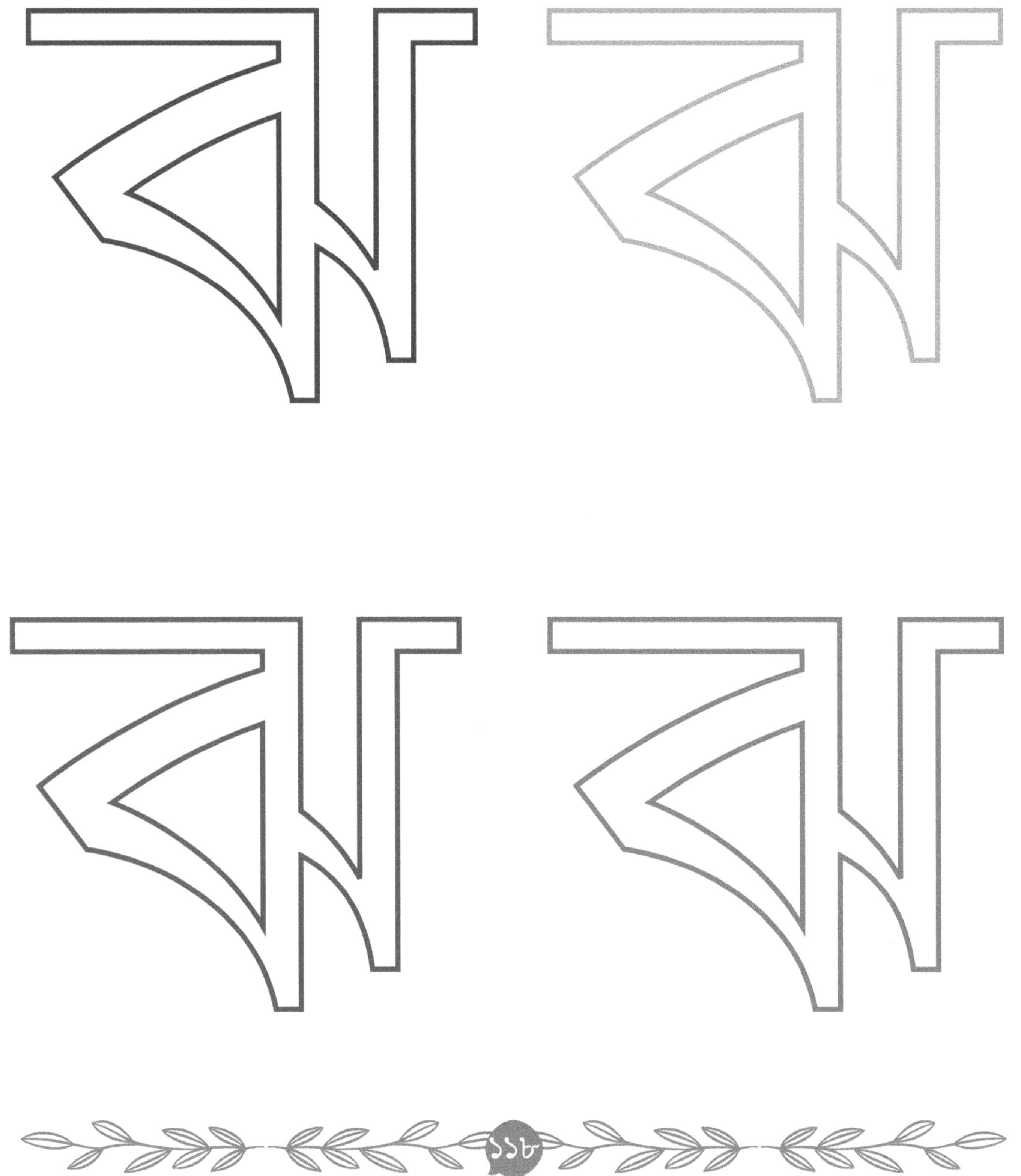

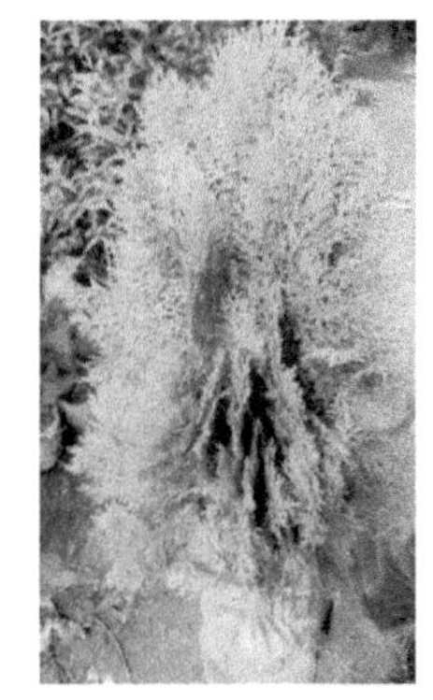

ঝাউগাছ

এসো রং করি

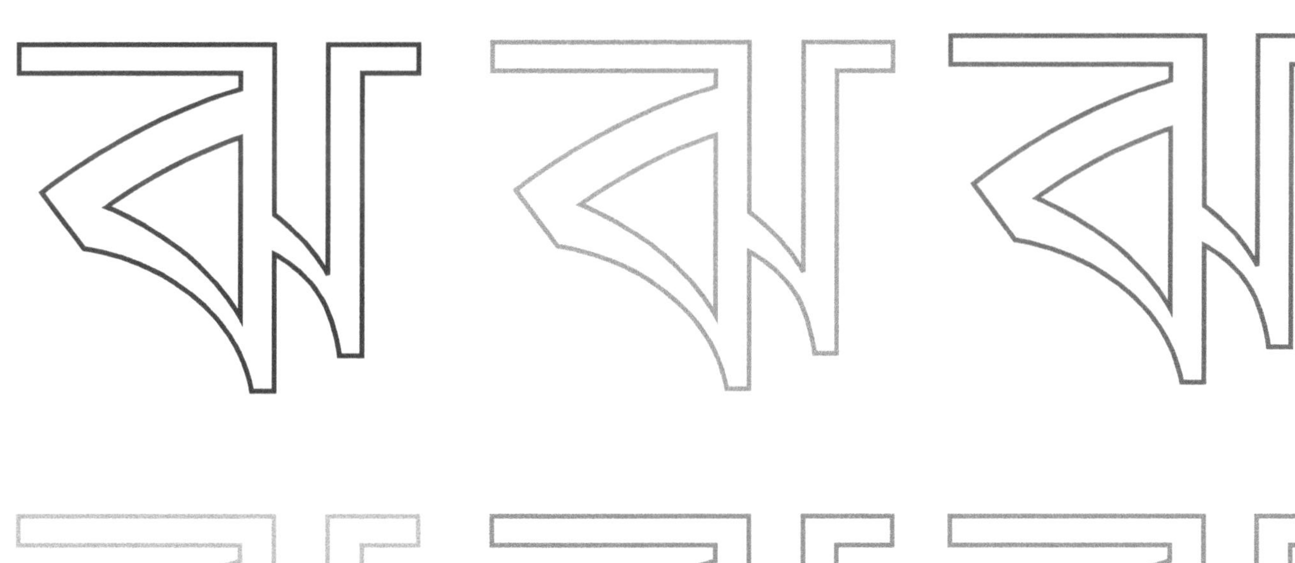

ঝ থাকা ঘরগুলো রং করি এসো

ঝ বর্ণগুলো গোল ◯ করি এসো

চ	ঝ	জ	ঝ	ছ
জ	চ	ছ	ঘ	জ
ঝ	ছ	ঝ	ছ	চ
জ	ঝ	ছ	ঙ	ঝ
ঘ	জ	খ	জ	ঘ
ঝ	জ	ঝ	ক	চ
ছ	ঝ	ঝ	জ	খ
জ	জ	ছ	ক	ছ
ক	ঝ	চ	ঝ	চ
ছ	জ	ঝ	চ	গ

লিখি এসো

১ ২ ৩

এসো রং করি

রং করি এসো

এ এ

এ এ

মিঞা

এসো রং করি

ঞ থাকা ঘরগুলো রং করি এসো

ঞ বর্ণগুলো গোল ◯ করি এসো

চ	ঝ	জ	ঞ	ছ
ঞ	ঞ	ছ	ঘ	জ
ঝ	ছ	ঝ	ঞ	চ
ঞ	ঝ	ছ	ঙ	ঝ
ঘ	জ	ঞ	জ	ঞ
ঝ	ঞ	ঝ	ক	চ
ঞ	ঝ	ঝ	ঞ	খ
জ	ঞ	ছ	ক	ছ
ক	ঝ	ঞ	ঝ	চ
ঞ	জ	ঝ	ঞ	গ

লিখি এসো

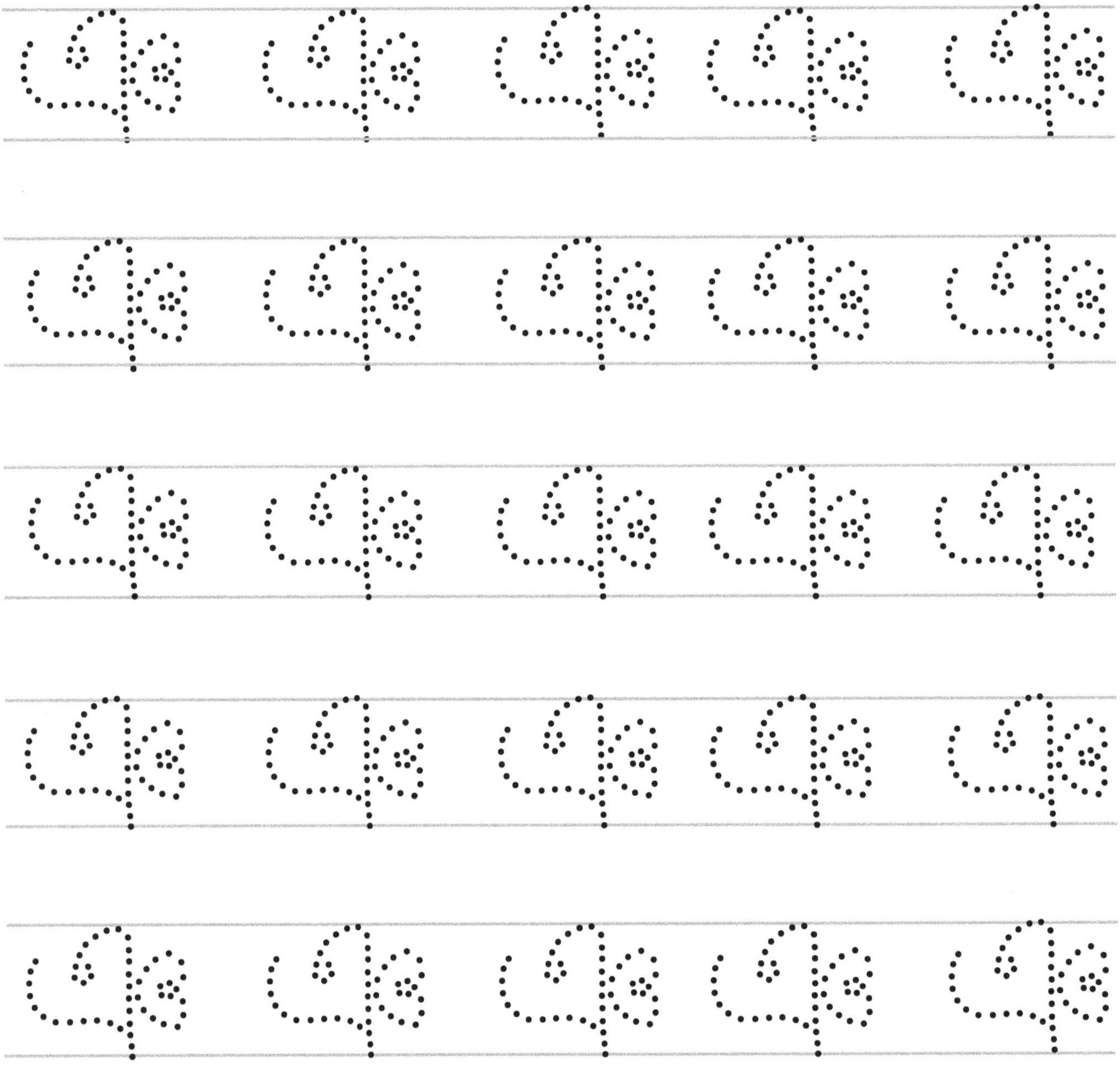

এসো রং করি

রং করি এসো

টিয়া

টুপি

এসো রং করি

ট ট ট

ট ট ট

ট বর্ণ থাকা আপেল গুলো রং করি এসো

ট	জ	ছ	ট	ঞ	ট
ঞ	ঝ	ট	চ	ট	জ
ট	ট	জ	ট	ঞ	চ
ঞ	ঝ	ট	চ	জ	ট
ট	ঝ	জ	ট	ঞ	চ
জ	চ	ট	ঝ	ট	ঞ
ট	চ	ট	জ	ট	ঝ

ট বর্ণগুলো গোল ◯ করি এসো

ট	ঝ	ট	ঝ	ছ
জ	ট	ছ	ঘ	ট
ঝ	ছ	ঝ	ঞ	চ
ট	ট	ট	ঙ	ঝ
ঘ	জ	খ	ঝ	ট
ট	জ	ট	ছ	চ
ছ	ঝ	ট	জ	ট
ট	জ	ট	ক	ছ
ঞ	ট	চ	ঝ	ট
ট	জ	ঝ	চ	ট

লিখি এসো

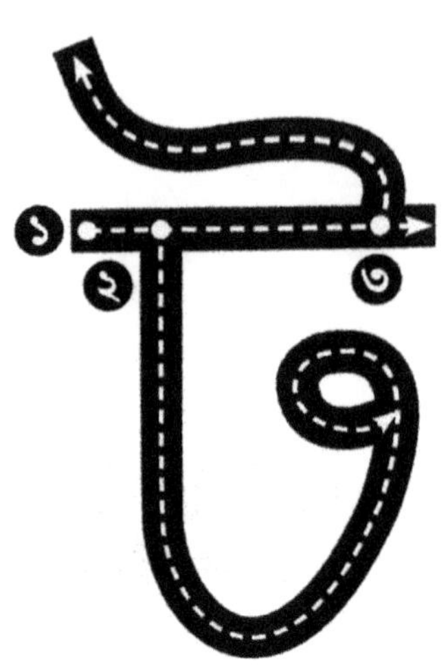

এসো রং করি

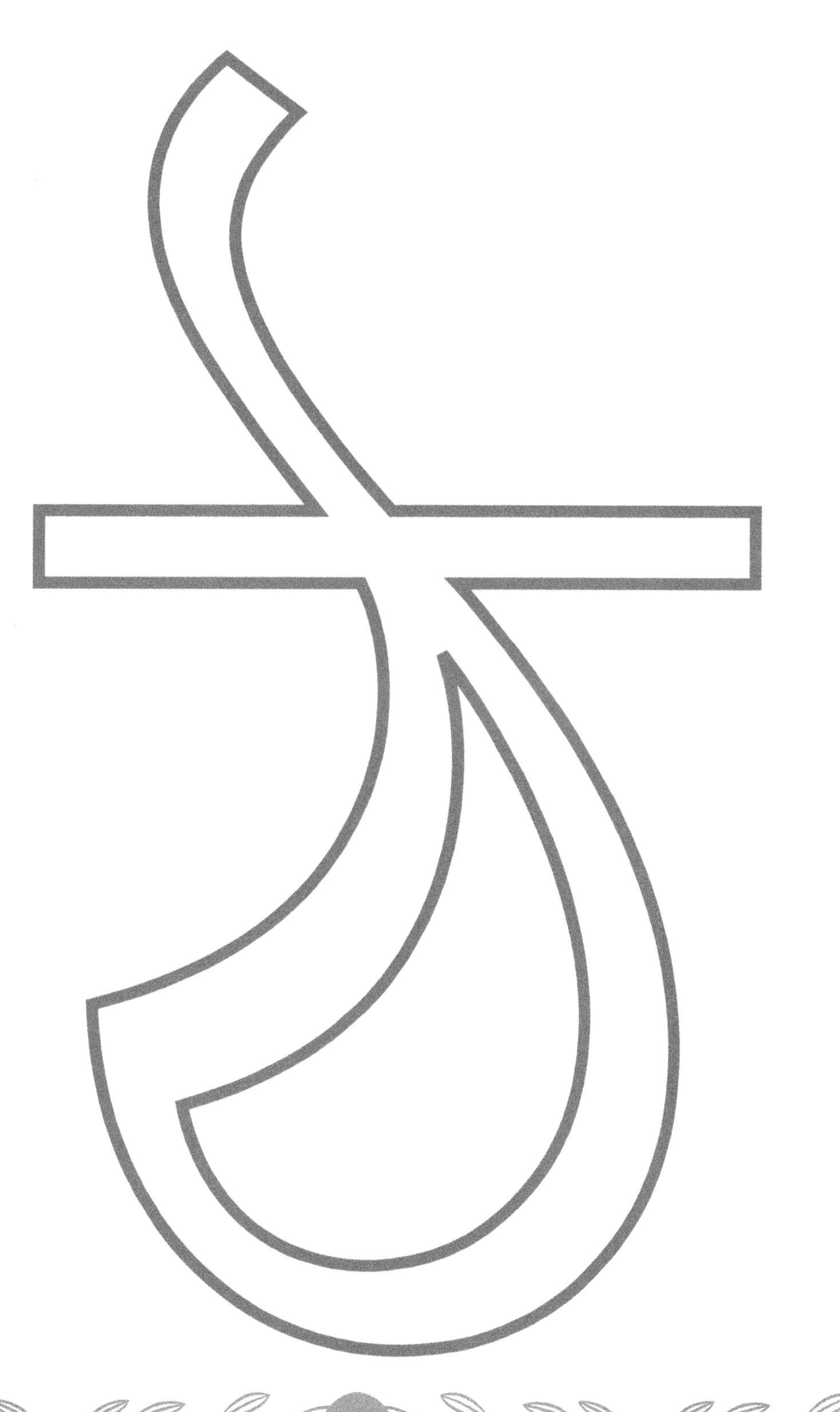

রং করি এসো

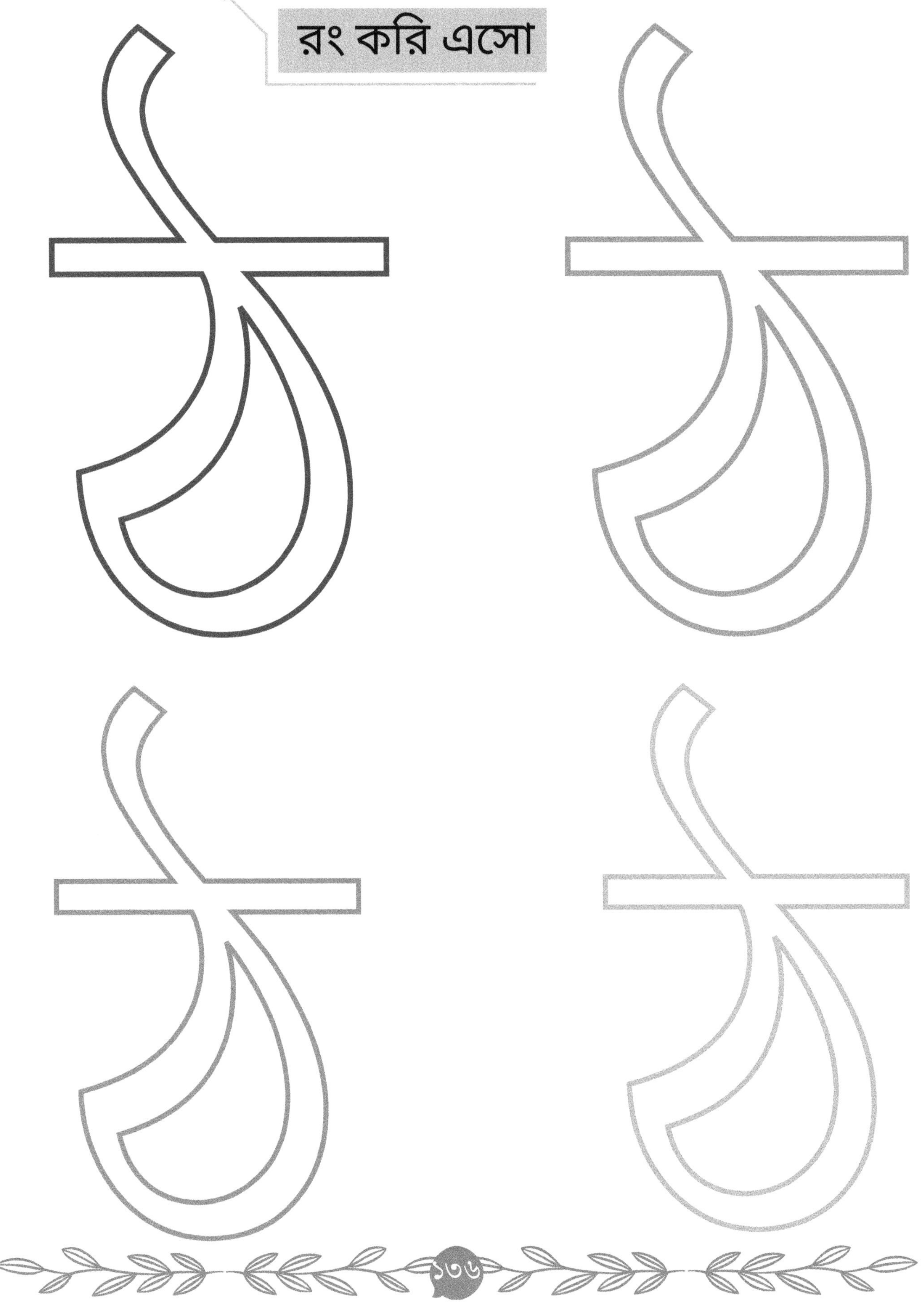

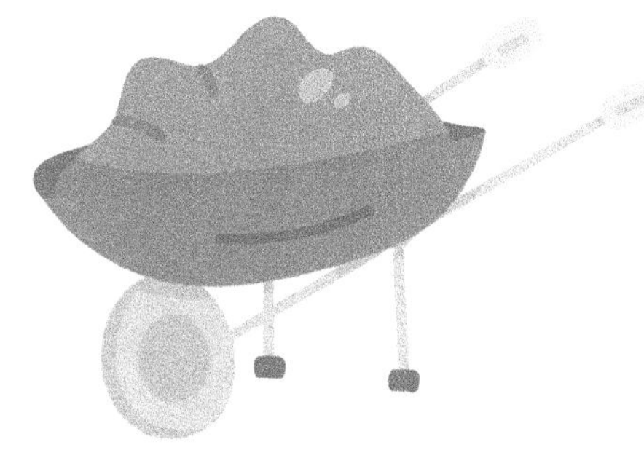

ঠেলাগাড়ি

ঠাকুমা

এসো রং করি

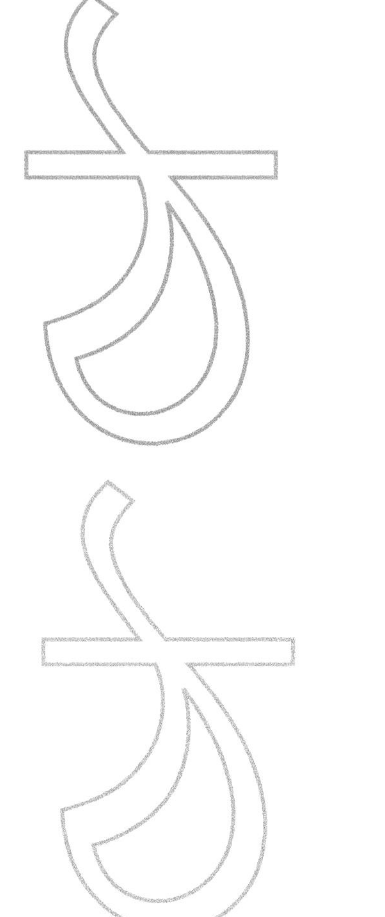

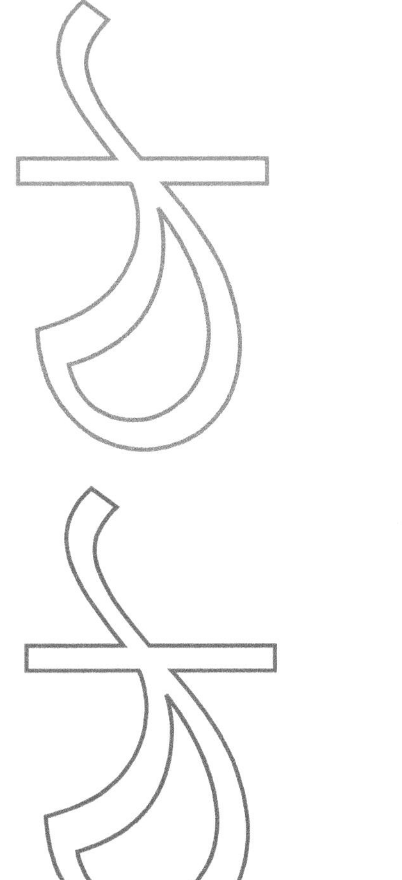

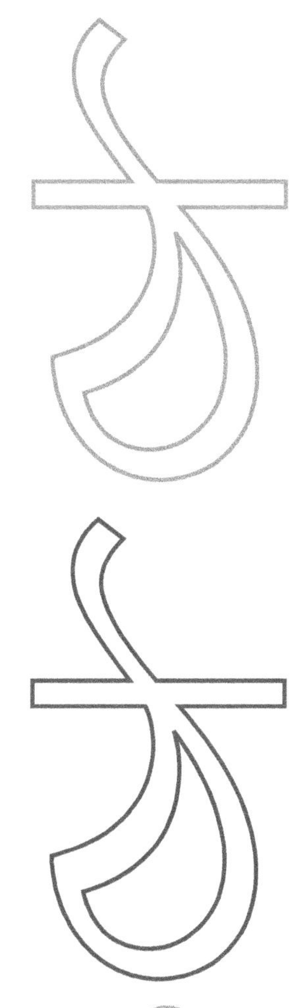

ঠ বর্ণ থাকা আপেল গুলো রং করি এসো

ট জ ছ ঠ ঞ ঠ

ঠ ঝ ট ঠ ঠ জ

ট ট ঠ ট ঠ চ

ঞ ঠ ট চ ড ট

ট ঝ ঠ ট চ ঠ

ঠ চ ট ঠ ট ঞ

ট ঠ ট জ ঠ ট

ঠ বর্ণগুলো গোল ◯ করি এসো

ট	ঠ	ট	ঠ	ছ
জ	ট	ঠ	ঘ	ট
ঝ	ছ	ঝ	ছ	চ
ট	ঠ	ট	ঠ	ঝ
ঘ	জ	খ	ঝ	ট
ঠ	ঠ	ট	ছ	চ
ছ	ঝ	ট	ঠ	ট
ঠ	জ	ঠ	ক	ঠ
ঠ	ট	চ	ঝ	ট
ট	ঠ	ঝ	ঠ	ট

লিখি এসো

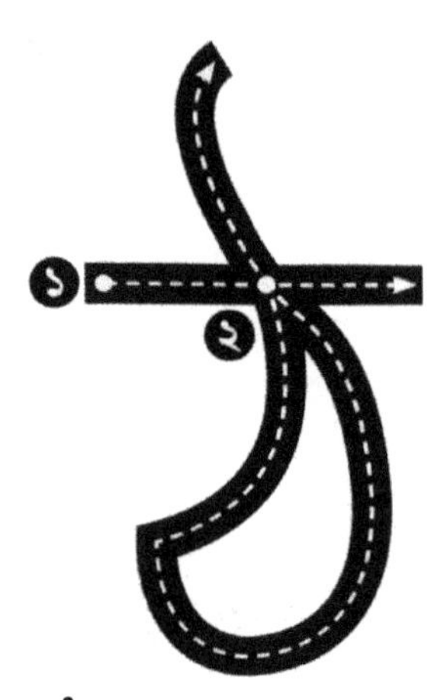

এসো রং করি

রং করি এসো

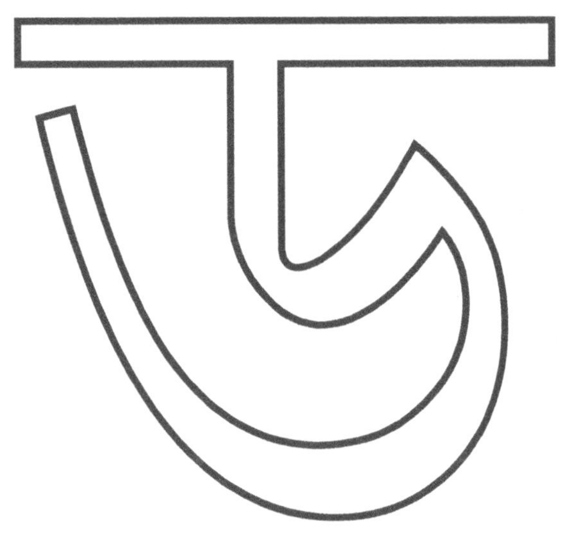

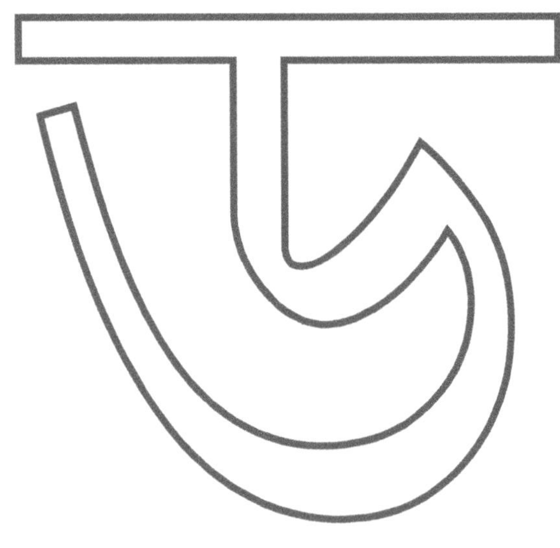
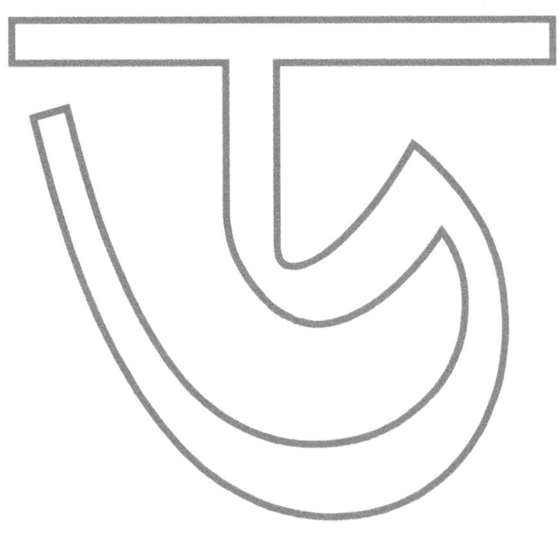

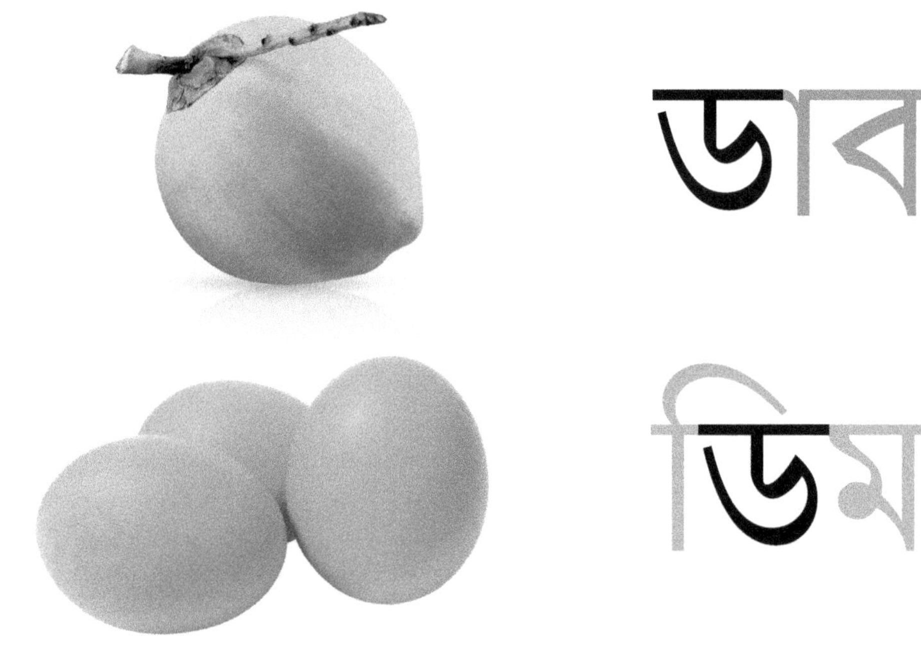

এসো রং করি

ড বর্ণ থাকা আপেল গুলো রং করি এসো

ট	জ	ড	ঠ	ড	ঠ
ঠ	ড	ট	ড	ঠ	জ
ড	ট	ড	ট	ঠ	চ
ড	ড	ঠ	চ	ড	ট
ট	ঝ	ড	ট	চ	ঠ
ড	চ	ড	ঠ	ট	ড
ট	ঠ	ড	জ	ড	ট

ড বর্ণগুলো গোল ◯ করি এসো

ট	ড	ট	জ	ড
জ	ট	ঠ	ঘ	ট
ড	ছ	ঝ	ড	চ
ড	ড	ট	ঠ	ড
ঘ	জ	ড	ট	ড
ঠ	ড	ট	ছ	চ
ড	ঝ	ড	ঠ	ড
ঠ	ড	ঠ	ক	ঠ
ড	ট	চ	ড	ট
ট	ঠ	ড	ঠ	ড

লিখি এসো

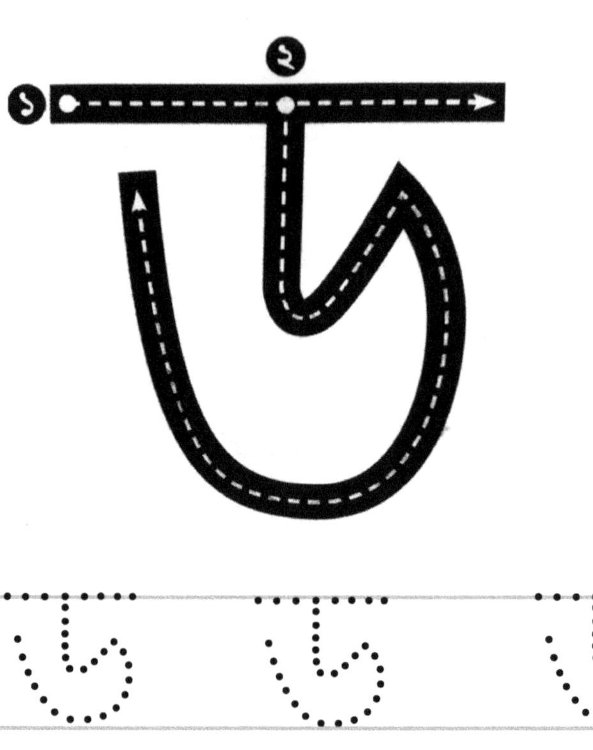

এসো রং করি

রং করি এসো

ঢাক

ঢাল

এসো রং করি

ঢ ঢ ঢ
ঢ ঢ ঢ

ঢ বর্ণ থাকা আপেল গুলো রং করি এসো

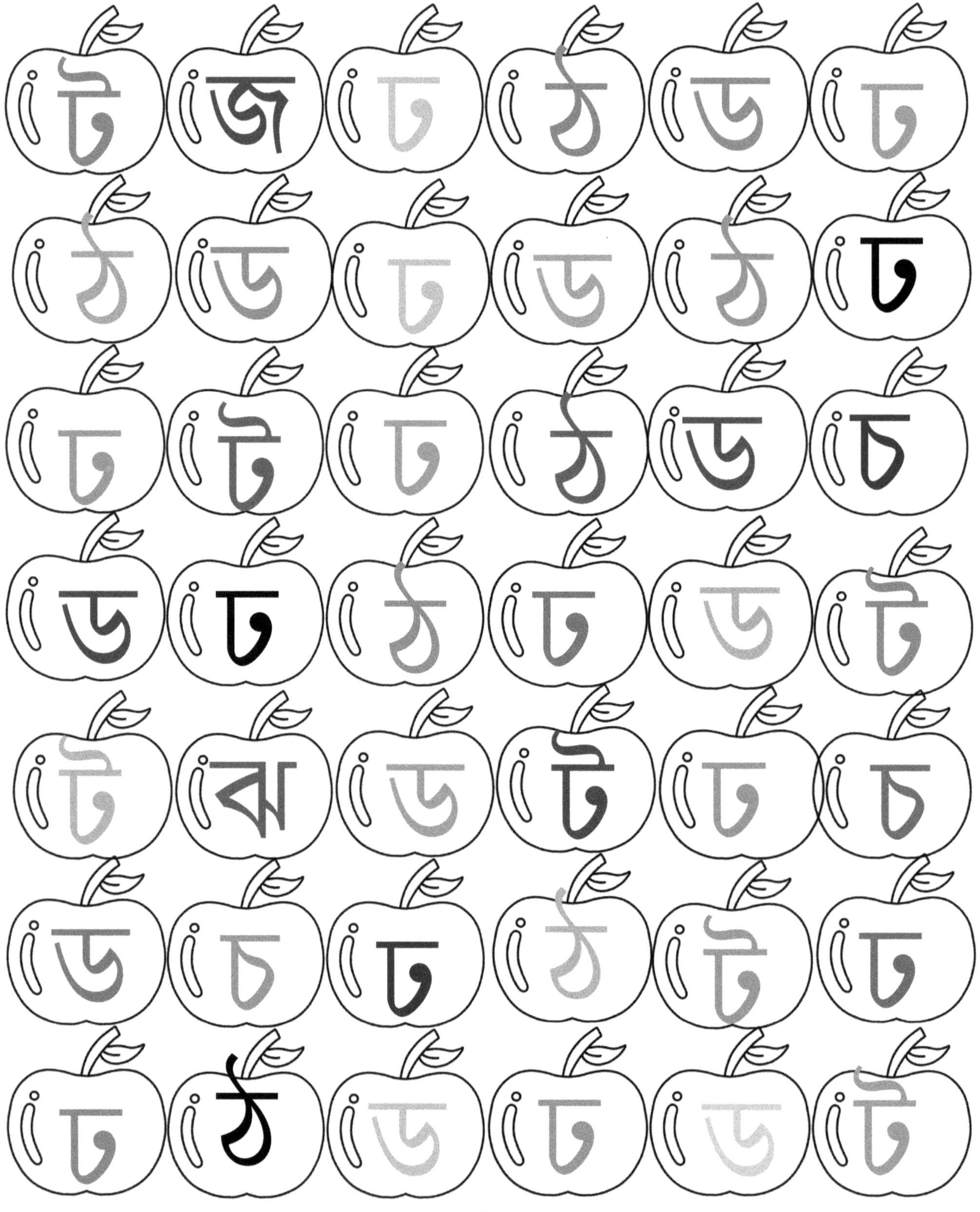

ঢ বর্ণগুলো গোল ◯ করি এসো

ট	ঢ	ট	ঢ	ড
জ	ট	ঢ	ঘ	ঢ
ড	ঢ	ঝ	ঢ	চ
ঢ	ড	ট	ঠ	ড
ঘ	ঢ	ড	ট	ঢ
ঢ	ড	ট	ঢ	চ
ড	ঢ	ড	ঠ	ড
ঠ	ড	ঢ	ঢ	ঠ
ড	ঢ	চ	ড	ট
ঢ	ঠ	ট	ঢ	ড

লিখি এসো

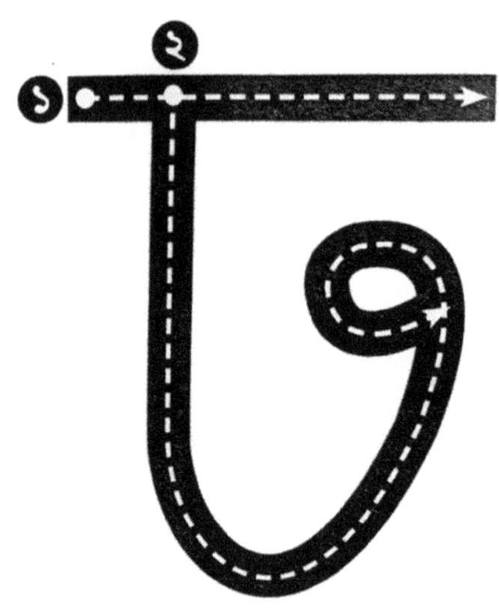

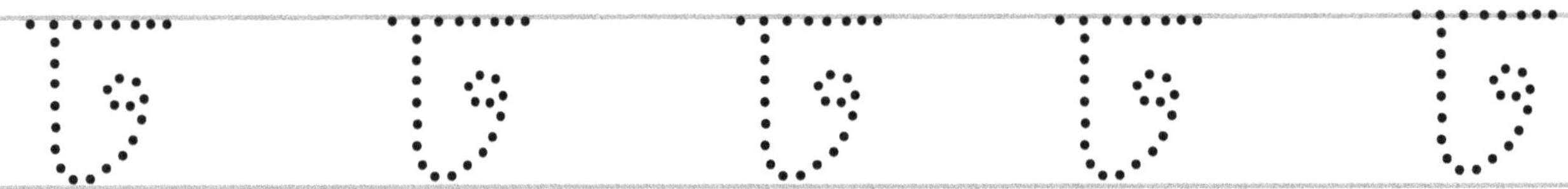

এসো রং করি

রং করি এসো

ণ ণ

ণ ণ

হরিণ

বীণা

এসো রং করি

ণ ণ ণ

ণ ণ ণ

ণ বর্ণ থাকা আপেল গুলো রং করি এসো

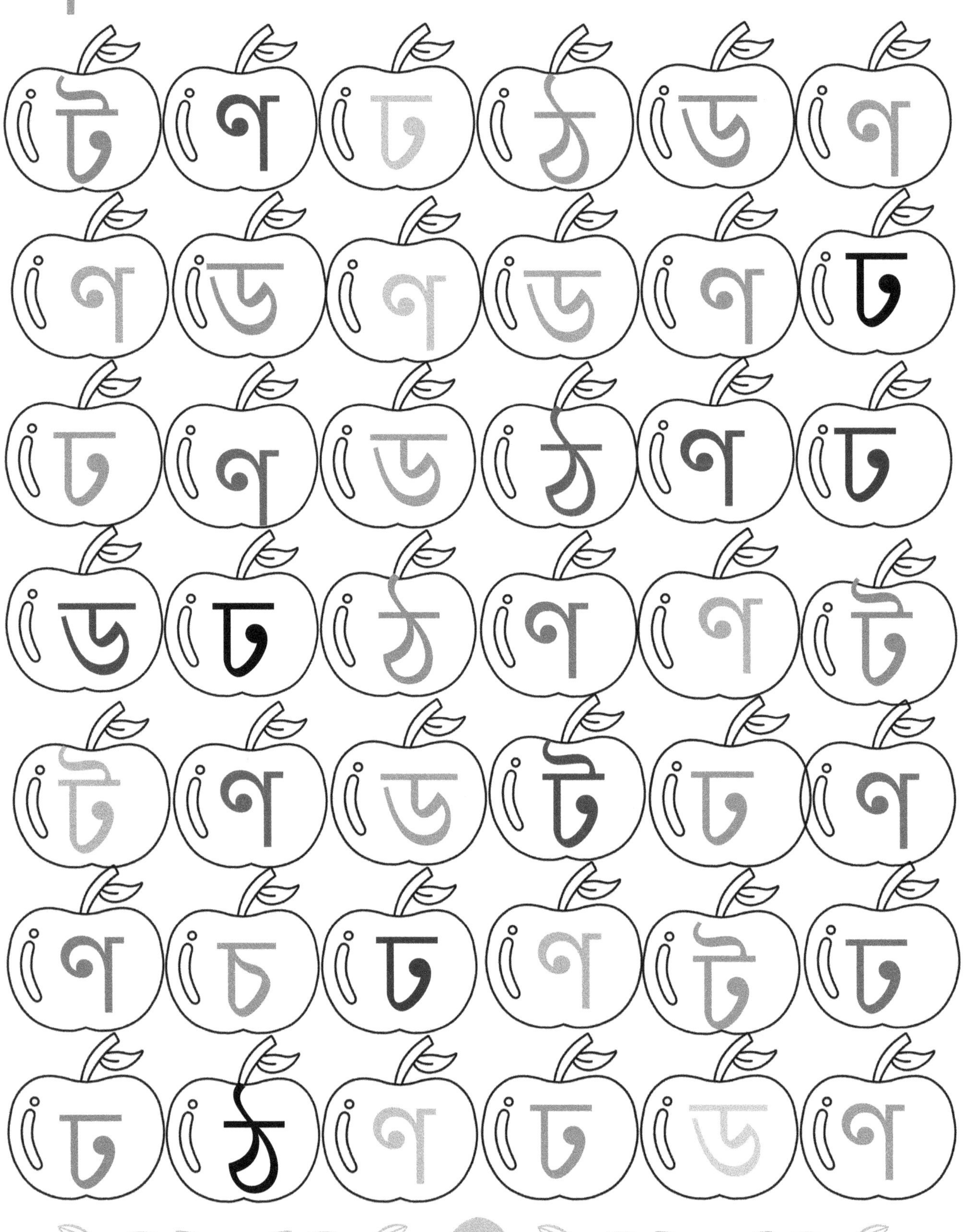

ণ বর্ণগুলো গোল ◯ করি এসো

ট	ঢ	ণ	ঢ	ণ
ণ	ট	ঢ	ণ	ঢ
ড	ঢ	ণ	ণ	চ
ঢ	ণ	ট	ঠ	ণ
ণ	ঢ	ড	ণ	ঢ
ঢ	ড	ট	ঢ	চ
ণ	ঢ	ণ	ঠ	ণ
ঠ	ড	ঢ	ণ	ঠ
ড	ণ	চ	ড	ট
ঢ	ঠ	ণ	ঢ	ণ

লিখি এসো

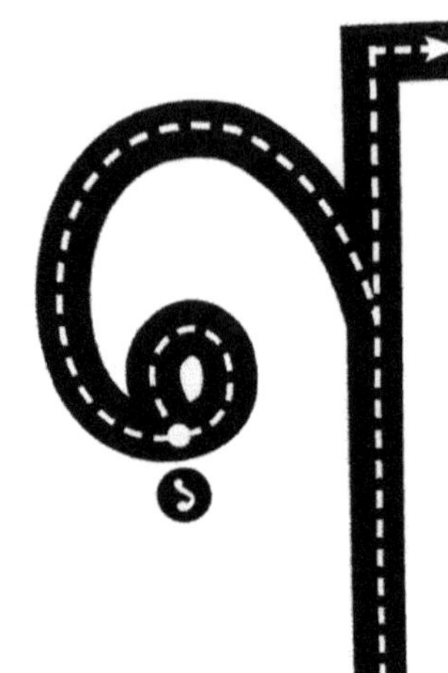

মূল্যায়ন এসো বর্ণের সহিত ছবি মেলাই

আ

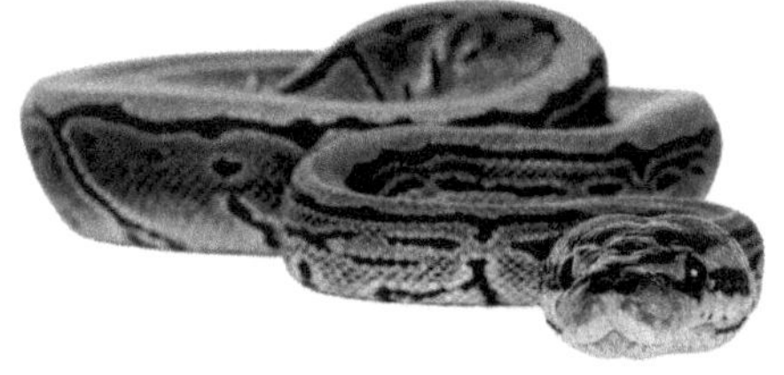

ই

ঈ

উ

ঋ

এ

ঐ

ও

ঔ

ক

খ

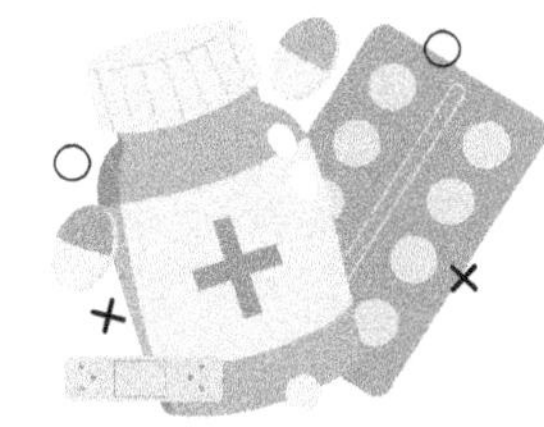

গ

ঘ

ঙ

চ

ছ

জ

ঝ

ঞ

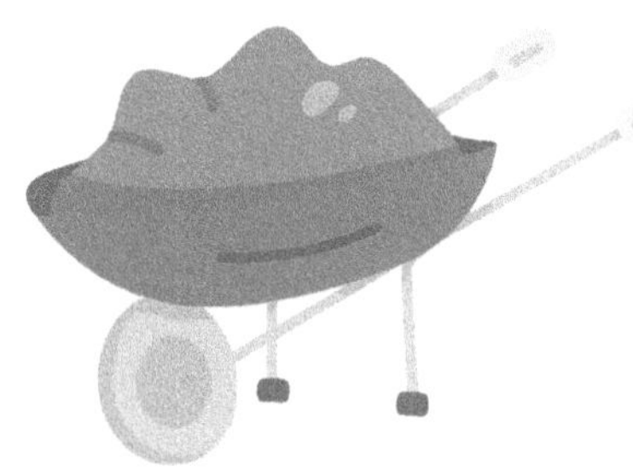

ট

ঠ

ড

ঢ

ণ

ধন্যবাদ

www.ingramcontent.com/pod-product-compliance
Lightning Source LLC
Chambersburg PA
CBHW042050150726
48005CB00036B/2923

* 9 7 9 8 8 9 6 3 2 0 0 3 6 *